隋唐：万邦来朝

何薇 编著

河海大學出版社
HOHAI UNIVERSITY PRESS
·南京·

图书在版编目（CIP）数据

隋唐：万邦来朝 / 何薇编著. -- 南京：河海大学出版社，2021.1
　ISBN 978-7-5630-6540-0

Ⅰ. ①隋… Ⅱ. ①何… Ⅲ. ①中国历史－隋唐时代－通俗读物 Ⅳ. ①K240.9

中国版本图书馆 CIP 数据核字（2020）第 207601 号

书　　名	隋唐：万邦来朝 SUITANG: WAN BANG LAI CHAO
书　　号	ISBN 978-7-5630-6540-0
责任编辑	毛积孝
特约校对	董　瑞
装帧设计	刘昌凤
出版发行	河海大学出版社
地　　址	南京市西康路 1 号（邮编：210098）
电　　话	（025）83737852（总编室）
	（025）83722833（营销部）
经　　销	全国新华书店
印　　刷	三河市双峰印刷装订有限公司
开　　本	660 毫米 ×960 毫米　1/16
印　　张	16.5
字　　数	234 千字
版　　次	2021 年 1 月第 1 版
印　　次	2021 年 1 月第 1 次印刷
定　　价	69.80 元

总论

隋朝（581—618）虽然只历经了两代，共三十八年，但它却结束了魏晋以来长期的分裂割据局面，是中国历史上的又一个大一统王朝。

北周大定元年（581），杨坚接受周静帝宇文阐的禅让，登上帝位，定国号为"隋"，改元开皇，定都大兴城。这就是隋朝的第一任皇帝——隋文帝。当时，全国还未真正的统一。直至开皇九年（589），文帝派遣晋王杨广挂帅南征，成功平定陈朝，全国才真正得以统一。稳定的政局也让文帝开始着力去进行社会改革。一系列的改革措施呼之欲出，诸如制定新律令、设立分科考试选拔人才等。在文帝的治理下，隋朝国力发展迅猛，出现了一个盛世局面，史称"开皇之治"。事实上，能在如此之短的时间内，就进行如此大刀阔斧的改革，也是前所未有的。

仁寿四年（604），文帝驾崩，太子杨广即位。这就是隋朝的第二任皇帝——隋炀帝。炀帝在位时，从修建奢侈的宫殿行宫到开凿大运河，从造龙舟游江都到远征高句丽……他一刻不停，甚至是同时进行多个项目。不可否认，运河的开凿加强了南北间的联系，对后世的积极影响不可估量。但同时进行这些高负荷的项目，也让国力枯竭，百姓怨声载道。直至炀帝一意孤行，举全国之力，远征高句丽，民众的承受能力全线崩盘。一时间，全国烽烟四起，各地起义军接连揭竿而起，诸如长白山起义、瓦岗起义、江淮的杜伏威起义、河北的窦建德起义等，炀帝再也无力回天。

至此，隋朝在他手中走向灭亡。

唐朝（618—907）历时近三百年，算得上是中国封建社会历史上较为"长寿"的王朝了。

公元618年，李渊称帝，改国号为唐，是为唐高宗，年号武德，定都长安。公元626年，李世民通过"玄武门之变"即位，是为唐太宗，改年号为贞观。太宗在位期间，吸取隋末的暴政教训，一方面唯才是举，另一方面积极革新政治。由此贞观年间，在政治、经济、文化、外交等诸多领域，都取得了卓越的成就，史称"贞观之治"。那时，太宗甚至被西域各国拥立为"天可汗"。武则天登基称帝，堪称中国历史上的一大奇迹。在这个由男性主导的体制中，作为女性，她一路披荆斩棘，登上了权力的最高峰，建立武周王朝。中国也由此进入了唯一的女皇统治时代。之后，唐玄宗李隆基即位，选贤任能，唐朝再次步入了繁盛阶段，史称"开元盛世"。

直至安史之乱，唐朝的盛世繁华，才走向了下坡。

首先就是地方藩镇势力林立。肃宗、代宗时期，朝廷对各地节度使的一味妥协，导致河北三个藩镇割据势力发展壮大，不仅拥有军队、地方官吏体系，还私自世袭官位，不向朝廷缴纳地方税收。

其次是宫中宦官当权。甚至于唐后期很多皇帝都是在宦官的扶持下才登上帝位的，诸如唐文宗、唐宣宗、唐懿宗等。但也有一些皇帝想极力摆脱宦官的控制。顺宗时期的永贞革新就是对当时宦官专权的改革，意欲通过收兵权、废除弊政等手段拨乱反正。然而最后，在宦官和各地节度使的内外勾结下，改革以失败告终，顺宗也不得已让出皇位。文宗时期爆发的甘露之变也是一场公开向宦官夺权的行动。但最终事迹败露，所有参与官员都被宦官诛杀。可见，宦官问题已经深深烙进了唐朝的体制之中。

再者是官员间结党争权成为常态。牛李党争，也称"朋党之争"，是唐后期以牛僧孺和李德裕为首的两个党派的斗争，持续长达四十多年，他们彼此间相互排挤，争权夺势，甚至于为了针对彼此，而不顾国家大局。

唐朝廷的日益腐败，也造成了民间反唐情绪的日益高涨。之后，唐经历了裘甫之乱、庞勋之乱、王仙芝起义、黄巢起义。虽然在朱全忠和李克用的联合镇压下，黄巢起义失败了。但行将就木的大唐王朝已是无力回天。天祐四年（907），朱全忠逼哀帝李柷禅位，登基称帝，是为梁太祖，改国号为梁，定都开封。

至此，盛极一时的大唐王朝就此灭亡。

目录

隋：昙花一现的大一统王朝

杨坚的帝王之路	003
南下灭陈	005
开皇之治	007
独孤伽罗："誓无异生之子"	009
天才建筑师宇文恺	012
展子虔《游春图》	014
统兵之才杨素	016
锥舌之嘱	018
"慈母"辛公义	020
揣摩之术	022
拒贿哭金	024
盗一钱者死	026
赵绰执法	027
独孤陀事件	029
隋文帝之死	031
杨广的夺嫡之路	033
开凿大运河	036
三访流求	038

1

目录

三巡江都 040

赵州桥 042

长白山起义 043

杨玄感起兵 045

远征高句丽 047

萤火夜游 049

杜伏威江淮起义 051

瓦岗起义 053

瓦岗领袖李密 055

窦建德起义 057

望镜兴叹 059

嫉贤妒能的炀帝 061

宇文化及叛变 063

炀帝之死 065

目录

唐前期：威震四方 万邦来朝

- 太原起兵 069
- 娘子军 071
- 玄武门之变 073
- 太宗便桥退敌 076
- 一代贤后长孙氏 078
- 忠谏之臣魏征 080
- 太宗吞蝗毁巢 082
- 姚思廉修史 083
- 玄奘西行取经 085
- 太宗封禅之议 087
- 忠贞之将尉迟恭 089
- "房谋杜断" 091
- 长孙无忌：君臣情深 093
- 药王孙思邈 095
- 征讨吐谷浑 096
- 文成公主入藏 098
- 侯君集灭高昌 100
- 太宗远征高句丽 102
- 贞观之治 104

目录

太子李承乾的废立	106
高宗废王立武	108
「文佳皇帝」陈硕真	110
武后垂帘听政	111
三箭定天山	113
制服高句丽	114
嘴塞木丸	116
李敬业起兵	117
一代女皇武则天	119
请君入瓮	121
娄师德唾面自干	123

初唐四杰	125
狄仁杰秉公执法	127
狄仁杰善政遭诬	129
狄仁杰桃李满门	131
刘知几与《史通》	133
光复大唐	135
中宗之妻韦氏	137
毒杀中宗	139
太平公主擅权	141
开元盛世	143
救时之相姚崇	145

4

目录

吐蕃求书	147
一行与《大衍历》	149
鉴真东渡	151
绝世红颜杨贵妃	153
宦官高力士	156
诗仙李白	158
茶仙陆羽	160
口蜜腹剑李林甫	161
弄权乱政杨国忠	163
高仙芝镇守西域	165

唐后期：千疮百孔 苟延残喘

安史之乱：安禄山起兵	169
安史之乱：截舌不屈	171
安史之乱：马嵬之变	173
安史之乱：肃宗即位	175
安史之乱：草人借箭	177
安史之乱：睢阳血战	179
安史之乱：代宗平乱	182
诗佛王维	184

目录

诗圣杜甫	186
魏博节度使田承嗣上位	188
仆固怀恩叛乱	190
郭子仪只身入敌营	192
理财专家刘晏	194
德宗削藩	195
两税法的颁行	198
宁死不屈颜真卿	200
泾原兵变	203
两袖清风陆贽	205
永贞革新	206
诗豪刘禹锡：看花被贬	208
散文大家柳宗元	210
唐宪宗重击藩镇	211
白居易直谏	213
李愬夜袭蔡州	215
"唐宋八大家"之首——韩愈	217
牛李党争	219
甘露之变	221
会昌灭佛	223
柳公权笔谏正	225
韬光养晦的宣宗	227

6

目录

裘甫之乱	229
庞勋起义	231
王仙芝起义	233
黄巢起义	235
朱温降唐	237
白马驿之祸	239
朱全忠灭宦篡唐	240
末代皇帝唐哀帝	241
隋唐大事纪年表	243

隋：昙花一现的大一统王朝

杨坚的帝王之路

　　杨坚，隋朝开国皇帝，谥号文帝。自称祖上为关中名门望族之一的弘农郡华阴（今陕西省华阴市）杨氏。父亲杨忠曾投于西魏宇文泰的麾下，作为西魏朝堂的重臣，因功赐姓普六茹氏。因此，杨坚又名普六茹坚。

　　杨坚的出生自带神秘光环。据《隋书·高祖本纪》记载，西魏文帝大统七年（541）六月的一天夜里，在冯翊郡的般若寺里，一男孩降生。顿时，寺庙"紫气充庭"。一名叫智仙的比丘尼，闻讯而至。她对孩子的母亲说道："此儿出生甚异，必然不是凡夫俗子，不可在俗间养育。"于是，母亲便把孩子交给了这位比丘尼，设置别馆，由她抚养。一天，母亲来别馆探望孩子。一见孩子，便又抱又亲，很是欢喜。突然，男孩头上显现触角，身上长满金鳞。吓了一跳的母亲，未抱稳，将孩子掉在了地上。尼姑闻声赶至，不禁叹息道："这个孩子得天下的时间就此要推迟了。"这个孩子正是杨坚，即隋朝的开国皇帝。

　　十四岁时，京兆尹薛善征辟他为功曹。之后，因父亲杨忠的功劳又被授予散骑常侍、车骑大将军等职位。天和三年（568），父亲杨忠离世，杨坚遂承袭随国公爵位。

　　可能是忌惮于这种天生的王者之气，杨坚一路遭到了很多人的打击。周武帝在位时，齐王宇文宪就曾请求武帝将其除之而后快。他断言道："普六茹坚长相非同一般，每次见他，都让我不知所措，我觉得他不会甘于久居人下的。"但周武帝不以为然。之后，内史王轨也多次对周武帝言道："皇太子非社稷主，普六茹坚有反叛的相貌。"周武帝担忧道："如果一定是天命，将怎么办？帝王自有天命在，旁人又能奈何！"杨坚知晓后，深知帝王的忧虑会招来杀身之祸，便开始隐藏自己的锋芒，行事也愈加小心谨慎。

宣政元年（578）六月，周武帝宇文邕崩逝，太子宇文赟即位，是为周宣帝。杨坚的长女杨丽华被封为皇后，杨坚因此晋升为柱国大将军、大司马。所谓"高处不胜寒"，随着杨坚官职越来越高，威望越来越大，宇文赟对他的猜忌、忌惮之心也是越来越重了。这种情绪甚至波及帝后的日常相处。宇文赟经常怒气冲冲地对皇后杨丽华说："我一定要杀尽你们九族！"并且在召见杨坚时，让左右侍卫注意杨坚的一言一行。一旦发现杨坚稍变脸色，就当场处死他。杨坚知道后，每每朝见皇帝，都一派镇定自若。

公元580年，周宣帝病死，周静帝宇文阐继位。静帝即位时，年龄幼小，不能亲理朝政。朝臣刘昉、郑译等以杨坚是皇后之父，乃众望所归为由，伪造诏书，带头拥立杨坚为辅政大臣，统领朝廷内外的军队。之后，在李德林的提议下，杨坚成了大丞相，手握朝政大权。直至北周大定元年（581），静帝下诏禅位于杨坚。杨坚三次推脱后才顺势接受天命，定国号为"隋"，改元开皇，立王后独孤氏为皇后，长子杨勇为太子。杨坚即位后，废除了西魏宇文泰的鲜卑化政策，下令让那些曾改为鲜卑姓的汉臣及府兵将领统统恢复汉姓，他自己也从普六茹坚改回了杨坚。

南下灭陈

杨坚登基称帝时，当时天下还未完全统一。在有效地解决了北方突厥的入侵后，杨坚决定转战南方，一统天下。适时，陈朝占据江南之地。文帝先是灭了江陵的后梁政权，然后以此为基地，开始谋划灭陈之策。

当时，文帝向高颎询问平定陈朝的策略。高颎献计道："长江以北，气候寒冷，庄稼收获时间稍晚。而长江以南，气候温暖，则收获较早些。若我军在陈军收割之际，佯言征讨陈国，那时他们屯兵御敌，必会贻误农收。如此反复，等到他们发现蹊跷，习以为常之时，我军再行征讨，到时候他们必定不会相信。如此，我军便可安然渡过这长江天险。"文帝听后，也深以为然，采纳了高颎的计策。陈朝受此计策，被隋军玩得团团转，将士皆疲惫不堪。

开皇八年（588）十月，隋文帝终于下达了伐陈的指令。由次子晋王杨广挂帅出征，尚书左仆射高颎担任辅佐，率领主力部队由六合出发，计划渡过长江从正面逼近陈朝的首都建康。同时，在长江的上游方面，由秦王杨俊率水军自襄阳沿着汉水而下，杨素则率水军从永安出发沿三峡顺流东下与之汇合。

开皇九年（589）正月初一，隋朝的先头部队趁着建康附近笼罩的浓浓大雾，兵分两路，横渡长江。一支部队由贺若弼统率，从长江下游的广陵渡江，另一支部队由韩擒虎带领五百名士兵组成，自建康上游的和州附近渡江，以迅雷不及掩耳之势攻下陈国重镇采石（今安徽省马鞍山市西南）。

在此之前，陈后主面对隋军的征伐，是毫不在意的。他曾经若无其事地对侍卫近臣说："帝王的气数在此地。自立国以来，齐军曾经三次大举进犯，周军也曾经两次大兵压境，但无不是惨败而还。现在隋军来犯，又能把我怎么样！"都官尚书孔范也随声附和道："我军有长江这一天然屏障，就连古人都认为此江阻隔南北。难道隋军会飞不成，能够飞跃长江。那些言说战事紧急的人，多是想建功立业吧。"陈后主信以为然，对隋军根本不加以防备，每日只知纵情享乐，沉醉于酒色诗文之中。最后，韩擒虎率先进入建康城，成功捕获了后主陈叔宝。

当时，韩擒虎搜遍整个皇宫都没有找到陈后主，后在一口枯井里，发现了陈后主及妃嫔、宫人十余人。杨广知道陈后主的宠妃张丽华非常漂亮，在并吞南陈之前，就下令生擒。但是，高颎以武王伐纣后杀妲己为由，自作主张杀掉了张丽华。杨广得知后，对高颎怀恨在心，发誓一定会加以报复。

至此，拥有"南朝四百八十寺"的建康被彻底摧毁了，尽管江南地区仍存在一些豪门大族的反抗，但已是无力回天。隋文帝成功统一了全国，结束了长期的分裂割据局面。

开皇之治

随着南下灭陈的成功，文帝结束了中国长期以来的分裂局面，真正实现了全国的统一。政局的稳定也让文帝开始有精力去发展社会经济文化。随后，一系列的改革措施应运而生。在文帝的治理下，隋朝出现了一个盛世局面，史称"开皇之治"。虽持续时间不久，但在隋短暂的历史中，已是举足轻重了。

首先就是制定巩固政权的新律令。原先北周的法令不仅繁琐，而且法令条例混乱，官员、百姓常常不得要领。于是，文帝下令高颎、杨素、裴政等人重新修订，制定出新的律令。当时，主修人之一的裴政，本就对前代典故、执政之道十分熟悉、通晓。于是，他结合魏、晋旧律，取其量刑适当的规定，编订成了新律。开皇三年（583），文帝又以"律尚严密，故人多陷罪"，下令苏威、牛弘等人再次修订新律。他们删繁就简，删去了死罪八十一条，流罪一百五十四条，徒、枷等罪一千余条，最后留下了五百条。这就是后来的开皇律令。此律令素有"刑纲简要，疏而不失"的美誉，为后来《唐律》的制定打下了基础。在具体的条例中，该律将原先繁多的刑罚分为五类，为笞、杖、徒、流、死，同时废除前代那些残酷的肉刑，诸如枭首、割鼻等。

其次，政治上实行三省六部制。在中央，设置尚书、内史、门下三省，分别任用高颎为尚书左仆射，李德林为内史令，苏威为纳言，构成中央政权的三大支柱。在地方，尽罢诸郡，将过去的州、郡、县三级制改为州、县二级制，简化地方行政组织。与此同时，收回地方官吏的人事权，官吏的任用皆直接由吏部派遣，不允许地方官员私自录用。不仅大大巩固了中央集权，改变之前官多民少的状况，而且精简各级机构，裁撤冗官冗员，也大大削减了朝廷的开销。

在经济上，一是统一货币。原先在北周、北齐时期，单单官府所铸造的钱币就有四种，若加上民间私自所铸的钱币，名称、品种更是数不胜数。这些轻重不一的钱币在流通时，相互兑换十分困难。于是，文帝一方面将钱币铸造权收为官有，明文规定五铢钱的样式和重量，即官铸钱币的背面、正面、钱身、钱孔的边缘都须有凸起轮廓，每一千枚重四斤二两；另一方面也严令禁止使用前代钱币和民间私铸的钱币。在具体的实施过程中，命人在各处关口放置新的五铢钱样品，凡发现和样品不符合的，皆没收予以销毁。从此，隋朝的钱币得到了统一，不仅使用更加方便，也带动了经济的发展。二是实行均田制，减轻赋税。对一般百姓减轻赋税徭役，对地主豪强则严厉打击。文帝受禅之初，隋朝的民户不满四百万户，到了隋文帝仁寿末年，超过了八百九十万户，仅冀州就已有一百万户。

此外，文帝还废除了九品中正制。开皇七年（587），正式设立分科考试制度选拔官员。面向民间广纳人才，自此选官不问门第。

可以说，能在如此之短的时间内，就进行如此大刀阔斧的改革，这是前所未有的。当然，基于一个稳定的政局，这些改革措施得到了上下齐心协力的贯彻，在此阶段隋朝国力发展迅速，趋于稳定。

独孤伽罗："誓无异生之子"

独孤伽罗，其父亲乃是北周大司马、河内公独孤信。独孤家族世代显贵，其长姐是北周明帝的皇后，四姐是唐高祖李渊之母，长女为周宣帝后，可谓是"贵戚之盛，莫与为比"。

十四岁那年，伽罗与尚未称帝的杨坚成婚，婚后二人十分恩爱，相约"誓无异生之子"。即使后来杨坚当了帝王，也依然时刻坚守着这一约定，"弱水三千只取一瓢饮"。但有道是英雄难过美人关，一次，在仁寿宫内，杨坚遇到了身为奴隶的尉迟迥的孙女，被其绝美姿色吸引，遂临幸之。伽罗本就忌恨妾媵。于是，趁皇帝上朝时，秘密命人杀了她。杨坚知道后勃然大怒，身为帝王，竟然连宠幸妃子的权力都没有。可曾经的帝后之约，曾经的共患难，都让杨坚无法当面责问伽罗。杨坚无奈，只得自我负气，独驾出宫。帝王一人驾马离宫出走，顿时朝野震惊。大臣高颎、杨素随之驾马追赶，彼时追至，纷纷扣马苦谏。文帝负气言道："我贵为天子，却不得自由！"高颎劝说："陛下岂能因一妇人而轻天下！"文帝才得以慢慢平静了愤懑的情绪，回到了宫中。皇帝负气而出，伽罗深知此事所办非妥，遂置酒谢罪。可高颎的"一妇人"言论，也让伽罗很是不满，为之后的遭弃埋下了伏笔。

独孤伽罗的这种对妾氏的情感心理，也影响着她对其他人的态度。文武百官中，只要他们有妾氏生了孩子，她都会力劝文帝罢免其官职，就连与她关系密切的朝臣也不例外。高颎的父亲高宾曾是其父亲独孤信的门客，与独孤家族关系甚是紧密。当年高颎的原配夫人去世时，伽罗曾请求文帝，再赐婚于他。然而，高颎婉言拒绝，说："臣今已老，退朝之后，唯斋居读佛经而已。虽陛下垂哀之深，至于纳室，非臣所愿。"可不久，高颎的爱妾却生了一个男孩。皇帝知道后自是很高兴，皇后却是怏怏不快。在她看来，高颎家里明明早有美人，却又当面拒绝皇帝赐婚，这其实是欺君之举。高颎的种种言行，招致了皇后的厌恶，虽然他战功赫赫、忠心耿耿，也不及这"枕边风"的吹拂。高颎慢慢地被文帝所疏远，一步步被贬为了平民。

就连她的儿子杨勇也不能避免。太子杨勇本就很多内宠，其中最宠一名云氏女子，而对母后挑选的太子妃元氏熟视无睹。这种行为让独孤伽罗很是不满。不久后，元氏突然薨逝。伽罗怀疑太子和其妾云氏，虽没有彻查，但猜忌之心一旦生成，便很难根除。之后，在太子的废立上，伽罗也起了至关重要的影响。她经常在文帝耳边言说太子杨勇的种种不是，以至于文帝也开始厌恶起太子。最终，也正是在她的推动下，文帝废除了太子杨勇，改立杨广为太子。

虽然独孤伽罗在后宫的治理上十分苛刻，但是在国家政事上，她却十分贤明。虽生于显贵之家，但她却生性谦恭；虽身为女子，却独好读书。她经常与文帝一起商讨国政，虽偶有意见相左之时，但也提出了很多建设性的建议。文帝每次临朝理政时，伽罗都亲自并驾，陪送至大殿前，然后等文帝下朝后，又一同回寝殿。若发现文帝在朝政上有不妥之处，便会立即劝谏。在对待礼法上，独孤伽罗也是十分公正严谨的。当时，百官上书，依据《周礼》，群臣妻子的爵位品级应由皇后封赏，伽罗却连连拒绝。在她看来，后宫干政是不可取的，她不能开这个先例。此外，当时伽罗的家族兄弟崔长仁因犯事，理应问斩，文帝念及其是皇后族人，意欲恩赦。伽罗知道后，说道："执法严明乃是国之大事，怎能因皇亲国戚而徇私枉法呢？"最后，崔长仁被依法处死。

固然，作为一国之后，在国家政事上，她极力辅佐文帝，携手文帝开启了一代盛世，宫中之人更将她与文帝并称为"二圣"。但在太子的废立上，她却因个人情感好恶，影响了隋朝后来的命运。

天才建筑师宇文恺

宇文恺，隋朝时期的天才建筑大师。开皇元年（581），刚登帝位的杨坚准备肃清北周皇室宇文一族，以绝后患。宇文恺本也在这张诛杀的名单之内，但因其所在的宇文宗族和北周皇室不属同一支系，且他的二哥宇文忻曾在文帝建国时立下汗马功劳，再加之文帝本就很欣赏他的才能，故宇文恺才能逃此一劫。

众所周知，举世闻名的唐朝长安和东都洛阳均是在隋朝修建的，宇文恺当属头号功臣。当时，一方面是文帝总觉得长安的宫城规模狭小，另一方面是宫中常出现怪异现象。纳言苏威上书文帝，力劝迁都。然而文帝刚登基不久，此刻移都，恐有损社稷，遂一直犹豫未决。第二天早朝，通直散骑常侍庾季才上奏说："我昨晚仰头观天象，俯身察图记，恳请陛下一定要迁都。现都城，从汉朝初年至今，已有八百多年，附近的水源愈加变咸，根本无法饮用。希望陛下上应天意，下顺民心，立即制定迁都计划。"除此之外，太师李穆也上表请求迁都。文帝看完诸大臣的迁都奏章后，言道："天道明察，已经出现了迁都的征兆。太师是众望所归，又上表请求。由此看来，没有什么不可以了。"于是，开皇二年（582），文帝下令新建新都大兴城，任命高颎为大监，宇文恺为营新都副监。这座大兴城是由三个部分组成的，分别是宫城、皇城、郭城。大兴城从582年初动工，至年底就基本完工，开皇三年（583）便投入使用。短短一年不到的时间，一座城池平地而起，足见其在规划、设计、施工等各个阶段的用心与细致，不得不让人惊叹。

开皇四年（584），文帝又令其开凿广通渠。宇文恺带领着工匠，从大兴城东到潼关长达三百多里，引渭河水至黄河。这不仅畅通了南北的水运，同时也促进了关中地区的经济发展。

开皇十三年（593），文帝想要在歧州修建一座行宫。宇文恺被任命负责这一工程。这就是后来著名的仁寿宫，这也是文帝最终的逝世之地。

公元605年，炀帝即位后，欲迁都洛阳。宇文恺又被任命为营东都副监，后迁将作大匠，建造东都洛阳城。宇文恺知道炀帝喜好宏大奢靡之风，于是东都洛阳被设计得极为富丽堂皇。炀帝甚是喜欢，赐他工部尚书一职。之后，恰逢炀帝北巡，宇文恺又被要求建造一个可容数千人的大帐，以及可以拆卸拼接的观风行殿。戎狄见了，对此建筑莫不惊骇。

展子虔《游春图》

展子虔，隋朝最负盛名的画家。他的一生历经了北齐、北周、隋朝三个朝代，经过乱世洗礼，极其向往安稳的生活。文帝赏识展子虔的才华，遂请入朝，担任朝散大夫，后又担任帐内都督。

他与顾恺之、陆探微、张僧繇一起被美学史家称为唐以前杰出的四大画家。展子虔擅画人物、鞍马车舆、宫苑楼阁等，尤以山水见长。在人物描法上，细致自然，色景渲染，恰到好处地突出神态。在车马的作画上，所画的马站立时有飞跃之势，卧下时又有腾跃之态，可谓栩栩如生。而他的山水画更被誉为"远近山川，咫尺千里"，在平面的画作中展现出深邃的空间性。

他曾到长安及江都的寺庙中创作了大量的壁画，如《北齐后主幸晋阳宫图》《王世充像》《长安车马人物图》等，也曾流连于西安、洛阳、江都等地，欣赏南北山水之美，品名家真迹之妙。

《游春图》是他唯一一幅流传下来的作品，其他作品都已失散。这也是我国现存的最早的卷轴式山水画，现藏于北京故宫博物院。整幅画为长卷，绢本绘制，横80.5厘米，纵43.0厘米，画作上有宋徽宗亲题"展子虔游春图"六个大字。整幅画用笔细腻、用色大胆、比例协调严谨，描绘出了早春时期，人们踏青赏春的景象。在用笔上，以不同的线条勾勒景物，轻重顿挫各式不同；在用色上，以青绿色为主调，又间或其他浓墨重彩的色泽点缀其间，烘托出一派生机盎然；在构图比例上，由远及近，景物逐渐放大，远处的青山，波光粼粼的江流，点缀其间的游人与佛寺，给人一种身临其境之感。《游春图》的出现，结束了山水画初期"人大于山、水不容泛"的幼稚阶段，使山水画进入青绿重彩，工整细巧的崭新阶段。

统兵之才杨素

杨素，弘农华阴杨氏一族嫡系子弟。自小擅长诗文，晚年时，他曾作一首五言诗，近七百字，赠送给薛道衡。诗文辞藻华丽，风韵秀上，堪称当时盛作。不仅如此，他也十分擅长权谋、识人之术，可谓文武双全，不世之才。当时，杨坚听闻杨素才气非凡，对他很是器重。不久杨素病死，薛道衡感叹道："人之将死，其言也善。"

开皇四年（584），杨素被封为御史大夫。他的妻子郑氏生性凶悍，杨素曾埋怨道："我若作天子，肯定不会立你为皇后。"此话引起郑氏不满，遂向朝廷告发杨素有谋反之心，杨素因此被免去了官职。但由于杨素素有卓越的统兵之才，不久后便因文帝计划南下伐陈而东山再起。

在南下伐陈时，杨素先是在永安建造了多艘不同型制的船舰，诸如五牙舰、黄龙舰等，不仅能容纳数百战士，同时设置拍竿，能击破敌舰。当时，陈军以数百艘青龙船舰和数千士兵，死守狼尾滩，想以此阻断隋朝军队的前进步伐。杨素以步、骑、水三军协同的战术，由步、骑兵分别在两岸袭击陈军，而杨素则亲率水军主力突袭。一时间，陈军顾应不暇，被隋军打得落荒而逃。是此，南陈将领畏惧，皆以"江神"称之。杨素灭陈后，杨坚不仅赏赐了丰厚的金银财宝，同时又赏赐杨素陈主妹及女妓十四人。南陈被灭后，江南各地仍多聚众为乱者，多则数万人，少则数千人，彼此互相呼应。杨素受命征讨，翻山越岭，历经数百战，皆一一荡平。

在北征突厥时，杨素一改原先面对突厥骑兵突袭时，以戎车与步骑兵相互掺和，形成鹿角方阵的战术，转而以骑兵方阵迎敌。杨素所率骑兵奋力杀敌，大败突厥可汗所亲率的突厥军，以至突厥军被杀者不可胜数，皆号哭而去。之后，杨坚又派杨素出战突厥，皆连胜，大败之。等突厥军后退时，杨素率轻骑追踪，待晚上突厥安营未定时，立即回调大军，突袭突厥大军。从此，突厥之患尽除。

　　杨素向来多谋略，在领兵作战上懂得随机应变，多令敌军措手不及、防不胜防。不仅如此，在军队治理上，杨素也是十分严苛的。一旦有犯军令的士兵，皆斩杀，没有丝毫商量的余地。每次两军对战时，杨素都会细细考察士兵所出现的过失，然后将过失者皆斩杀，多则数百余人，少则不下数十人。

　　大军营地前的鲜血是那样触目惊心，杨素却始终是一派镇定自若的样子。每次临战时，杨素都会先派出一个二三百人的先头部队冲锋在前，打探消息，若全部陷入而无人生还，则无所谓惩处，但若未潜入而归者，皆会被斩杀。士兵皆很畏惧，都抱着必死之心全力杀敌。因此，所战皆战无不克。

　　之后，杨素病重。炀帝明着派出名医救治，赏赐贵重药石，暗地里却在盘算着杨素还有多少时日。杨素知晓后，更是心生郁结。曾经为了大隋南征北战，助炀帝登上帝位，可在帝王面前，在权力面前，终是恩情全无。遂再也不肯服用药物。就这样，公元606年，戎马一生的杨素，郁郁而终。

锥舌之嘱

贺若弼出自将门之后，曾在北周和隋朝都任过职务。他的父亲贺若敦曾为北周著名将领，以勇武刚烈著称。公元565年，父亲贺若敦因宇文护忌才，被逼而死。临死前，他嘱咐儿子贺若弼说："我的志向是要平定江南，但有生之年，终是不能如愿的。你一定完成我这遗愿啊。再者，我因言多而遭这杀身之祸，你一定要引以为戒。"说完，便用锥子在儿子贺若弼的舌头上刺了一下，要他以血为戒，慎口慎言。

周武帝执政时，上柱国乌丸轨上言："现在的太子没有帝王之才，将来难以成大器，我曾与贺若弼讨论过此事。"于是，周武帝便唤来贺若弼，查问此事。贺若弼深知太子之位尚无法撼动，害怕会遭受祸端，就对周武帝违心地说道："皇太子的德行与功业正与日俱增，我并没发现太子有何不妥之处啊。"周武帝听完后，没有说话，贺若弼安全脱身。乌丸轨知道后，责备他出尔反尔，背叛自己。贺若弼解释道："君主说话不慎密，就会失信于臣子们，而臣子们说话不慎密，就会祸及自己，所以我不敢随便讨论啊。"等太子继位时，曾议论太子的乌丸轨被诛杀，而贺若弼得以逃过一劫。

杨坚称帝后，心中早有吞并江南之志，想寻找一位可担大任之人。于是，高颎向文帝推荐了贺若弼。贺若弼被封为吴州总管，总管平陈之事。他向文帝进献了十条攻陈之策，皇上对此称赞不已，赐予他宝刀以作嘉奖。随后，隋军大败陈军。然而，当时贺若弼所率军队受到拦阻，晚韩擒虎一步进入建康城。等到时，韩擒虎早已捉住了陈叔宝。功在韩擒虎之后，让他对此耿耿于怀，由此与韩擒虎经常互相责骂，以致拔刀相向。文帝为了调解这二人的关系，不仅亲自派人乘驿马召他觐见，还亲自迎接，慰劳他道："如今能攻取三吴，你功不可没啊。"遂不仅赐了御座，还擢升为上柱国，加封宋国公，让他担任右领军大将军，不久又升为右武侯大将军，嘉赏宝剑、宝带等丰厚的金银财宝，甚至还将陈叔宝的妹妹赐予他为妾。

可是，贺若弼自认功过群臣，常以宰相自居。不久，杨素担任右仆射，而他却仍是一个将军。于是，愤愤不平的他，经常是形于言表，最终被文帝免去了官职。可这没有让他反思自己的言行，反而更增加了他的不满情绪。文帝曾问他："我让高颎、杨素担任宰相，你总是扬言说他们两个仅仅能吃饭罢了，这是何意啊？"贺若弼回答道："高颎，是我的朋友，杨素，是我的舅子，我比其他人都深知此二人的为人。"之后，群臣都争相参奏贺若弼，说他对君主怨恨很大，按罪当死。

当年杨广还位处太子之时，曾问贺若弼："杨素、韩擒虎、史万岁三人，都被称为良将，那相比之下，谁优谁劣呢？"贺若弼回答："杨素是员猛将，不是谋将；韩擒虎是员战将，不是统帅之将；史万岁是马上将领，不是大将才。"于是，杨广便追问，究竟谁可以为大将。贺若弼拜后，郑重地说："那只有靠殿下自己抉择了。"言下之意是，此大将之位非他莫属。等杨广继位后，他不但没有被重用，反而更加被疏远猜忌。大业三年（607），贺若弼跟随皇上前往北方巡视。到了榆林，炀帝设了一个很大的帐篷，可坐几千人。炀帝召来突厥可汗，大设酒宴以款待。贺若弼认为这实在是太浪费了，于是私下同高颎、宇文弼等人议论皇上的过失。不料，此番议论被人密告了炀帝，贺若弼最终难逃杀身之祸。

终究，贺若弼没有谨记父亲临终前的锥舌之嘱，也走上了同父亲一样的道路。

"慈母"辛公义

开皇九年(589)十二月,辛公义因平陈有功,被任命为岷州刺史。

当时,岷州之地人人畏惧疾病,害怕传染。若家中有一人患病,则全家都会避而远之,没有一人会随旁照看。久而久之,便形成了孝义淡薄的社会风俗。由是,在岷州之地,患病而死的人不计其数。辛公义来到此地,对此等泯灭人心的风俗很是担忧,想要改变此地的风气。于是,他派出府衙士卒在岷州四处巡查,一旦发现有患病的人,一律用床架抬至府衙的办事大厅中。适时,正值酷暑之月,患病者高达数百人。大厅里,走廊边都摆满了抬来的患者。辛公义就地搭了一个简易的床榻,通宵达旦地陪侍在这些病人身边,甚至还将自己的俸禄拿出来,请医购药,悉心照看着这些病人。而每当有病人痊愈时,便会派人召来病人的家属,语重心长地言道:"有道是死生有命。之前那些病死的人,多是因为家人不管不顾,遗弃所致。而今我聚集这些病人,坐卧其间,若疾病真会相互传染,那我早死了。现在不仅我没有死,连病人也痊愈了,希望你们不要相信那些无稽之言啊。"这些病人家属听后,皆很惭愧。从此,岷州风俗大变,凡是家中有患病的人,人人都争着抢着照看。而那些家中没有亲属的患者,左右邻居也会将其留在自家看养。由此,相亲相爱、互帮互助的风气在岷州盛行开来。岷州百姓感念辛公义的功绩,亲切地称其为"慈母"。

之后,辛公义又被调任为牟州刺史。刚到牟州,辛公义便第一时间前往监狱,对牢房中的犯人一一亲审。仅仅用了十余天的时间,就将监狱里累积的刑罚处决都处理完了。随后，辛公义才回到府衙的办事大堂，处理新的各种案件。每当审理案件时，辛公义都奉行着当日事当日毕的原则。因为若案件处理不完，所涉案之人都需要暂时扣押。为了避免此类情况，他就夜宿在府衙的办事大堂上，废寝忘食地处理案件。有人上前劝他，言道："案件处理本来就有一套程序，这是无可厚非的。刺史大人何必如此辛劳呢？"辛公义回答道："作为一方刺史，未能发扬自我德行引导百姓友爱和睦，使他们身陷囹圄。现在又要将他们关押起来，而我却去安然入睡。这样岂能安心呢？"犯罪者听了辛公义的这番话后，很是感动，自动伏法认罪。之后，若有前来诉讼的人，乡亲父老都会上前劝解道："这都是小事一桩，你们怎么忍心去劳烦大人呢？于是，很多原本要见官诉讼的人，都各退一步，不再上诉。

揣摩之术

开皇十三年（593）二月，文帝巡幸岐州，下令在岐州北面营建仁寿宫，由杨素负责监工。杨素上奏，推荐宇文恺为检校将作大匠，封德彝为土木监。于是，众人在平山之地推山填谷，构筑宫殿。当时由于工期紧急，前来服役的民夫夜以继日地劳作，导致许多民夫被工事所累，疲惫不堪。倒地而死者，数不胜数。尸体无人收殓，皆被投入坑中，填上土石，筑为平地，成为这宫殿的一部分。仅仅两年的时间，这座豪奢无比的岐州仁寿宫就修建完工了。

待文帝临幸仁寿宫时，见到如此富丽堂皇的宫殿，层台累榭，宛转相连，很是惊讶。但想到那些死去的百姓，顿时发怒道："杨素你穷尽民力，修建了这座豪奢的宫殿，是要让我与天下百姓结怨啊。"杨素听说后，十分惊慌失措，深觉治罪是难逃的了。他将文帝不悦之事，向土木监封德彝倾诉。封德彝听后，镇定自若，笑着言道："您且不必如此忧虑，等到皇后来时，陛下肯定会召见你，然后重重赏赐你的。"

第二天，杨素果被召见。独孤皇后一见杨素，便笑着称赞道："杨素啊，你在这座宫殿的建造上，可谓是十分用心啊，知道我们夫妻二人年事已高，没有可供娱乐消遣之地，所以才造出了如此华丽的宫室，真是难得一片心意啊。"文帝在旁，也连连点头，肯定皇后之言。杨素因祸得福，被赏赐了丰厚的金银财宝，钱一百万，锦帛三千段。

从宫殿回来的杨素，对封德彝的先见之明很是惊奇，问道："你是如何知道的?"封德彝回答道:"陛下崇尚节俭,见到如此华丽的宫殿,自然会多责备几句。但是陛下又十分尊重皇后,皇后若是喜欢,陛下的态度必然会发生改变。因此,我才告诉您不必担忧。"杨素听后,感慨道:"封郎果然是心思缜密,这样的揣摩之才,将来必定能坐上我的宰相之位。"虽然杨素经常自恃恩宠与权力而对朝中大臣不屑一顾,但此事之后,唯独对封德彝十分器重,常常邀请他一同议论朝中事务,畅谈终日,不知疲倦,也曾多次向文帝推荐封德彝。

拒贿哭金

梁毗是隋朝廉吏，生性直率，他博览群书，颇有学问。开皇初年，梁毗被任命为西宁州刺史，任职共十一年。当时，西宁州的蛮夷酋长多以金子多者为豪强，彼此间常常因抢夺金子而争战不休，以致西宁之地毫无安宁之日。

作为西宁刺史，梁毗对此等扰民行径十分厌恶。但各处酋长却不以为然，每次来拜见时，都争相以金子为礼品，赠送给梁毗。这一天，酋长们又前来送金。梁毗没有说话，只是默默地把酋长们送来的金子放置在座椅边，看着这些金子，突然号啕大哭起来。

酋长们被梁刺史的举动着实吓了一跳，皆是十分不解，你看看我，我看看你。梁毗边哭边自语道："这些金子，人饿了不能当饭吃，冷了不能当衣服穿。然而你们这些酋长们却奉之为宝，为之互相残杀，多少无辜之人因此而丧命。现在，你们将它送来给我，这是要我死的节奏啊。"之后，梁毗将金子原封不动地归还给了这些酋长。酋长们见梁毗如此清廉，体恤百姓，深受震撼，彼此间再也没有因黄金而互相厮杀了。文帝听闻此事之后，很是高兴，擢升梁毗为大理寺卿。

梁毗任大理寺卿时，不畏强权，执法公平允正，没有丝毫偏袒。仁寿二年（602），杨素权倾朝野，朝中大臣无不依附。但是梁毗密表文帝，言道："左仆射越国公杨素深得帝心，权势日益显赫，朝中官宦无不对其畏惧。在我看来，臣子一旦权势过大，难免会作威作福，这必定会祸国殃民。前有王莽毁掉西汉王朝，桓玄倾覆东晋皇位。所以，我恳请陛下能以古为鉴，酌情处置。这样才能永固大隋基业啊。"

文帝审阅后，勃然大怒，将梁毗扣押入狱，亲自审问。梁毗据理力争，言道："杨素自恃陛下宠爱，不仅滥用职权，还无故杀人性命。当时，太子杨勇、蜀王杨秀因罪被废时，朝中的官员无不恐慌担忧，唯独杨素面露喜色。这种以国家之难为悦之人，实在是要审慎任用啊。"不管如何威逼利诱，梁毗都不屈服，文帝无奈只得释放了他。但经此事之后，文帝开始慢慢地疏远防备杨素。他曾颁布诏书，言道："仆射乃是一国之宰辅，大可不必事事亲为，只需隔三过五来办事一次即可，诸多小事也不必在意。"表面上是体恤杨素，实际上却是在削减杨素的权力。

盗一钱者死

文帝晚年执政期间，严刑峻法。不仅官员在执法上以酷虐残暴为榜样，而且盗一钱就被处死，不依据律法量刑定罪的诸多暴戾之行，比比皆是。

开皇十七年（597），文帝为了提高各部门的办事效率，颁发诏书，声称在定罪量刑时，若按律可从轻发落者，但情节又比较严重，则允许在法律之外，再酌以杖刑。于是，官员们纷纷乱行捶打，一时间严刑酷法成了能力的体现，守法反而成了懦弱的表现。之后，文帝又因天下盗贼不止，下令凡偷盗一钱者，就要被在闹市公开处以极刑，若三人一同偷一个瓜果，三人皆要被处以极刑。天下人心惶惶，人人谨言慎行，唯恐稍不留神便触犯了法律，招致杀身之祸。终于，百姓们忍无可忍了，有几个义士联合劫持了执法官员，说道："我们并不是劫财的匪盗，我们只为了那些被官府冤枉至死的人而来的。你们回去转告皇帝，自古而来，所颁布的法律，没有一条是因盗一钱就被处死的。如果你们胆敢不转告朝廷知晓，我们还是会再回来的。"文帝听闻后，虽然大怒，但奈何民心所向，遂废除了这条严苛的法令。

还有一次，当值的御史在大朝会上，未对那些衣冠不整的武官提请弹劾。文帝发现后，严声厉语道："作为一名御史，不想着履行好自己的职责，却放任自流，理应处死。"就这样，那个当值的御史被处死了。此外，文帝在量刑定罪的决断上，也不依据法律条款，动不动就是死刑。当时，文帝听信尚书右仆射杨素之言，未经查证，只因一些仆人赌博未将接待番邦客人的客馆清扫干净，就下令将鸿胪寺主客令和那些赌博的仆人全都杖杀了。

赵绰执法

赵绰是隋朝官吏，生性清正刚直。文帝受禅继位后，被授予大理丞一职。他当值期间，执法刚正不阿，而备受重用。在职期间，他也多次谏言，指出文帝在刑罚上的错误做法。

文帝即位时，因当时所用钱币轻重不一，遂下令更铸新钱，但明令禁止流通那些私铸的劣质钱币。然而，有两个人在大街上用劣质钱换好钱，正好被抓，文帝遂下令全部斩杀。赵绰进谏道："依据法律，应该对他们施以杖刑，而不是斩杀。"文帝不悦，冷冷言道："此事与你无关。"赵绰回道："既然陛下将我安排在司法部门，您想随便杀人，怎不关我的事？"皇上说："你想要撼动大树吗？"赵绰说："我想感动苍天的心，岂止是撼动大树！"皇上又说："吃羹太热了，还需放在一边，凉一凉。天子威严，你不怕吗？"赵绰先是郑重下拜，然后上前力争。皇上呵斥他退下，他仍是不肯退让。最终，在其他官员的劝谏下，文帝才将此事作罢。

曾经有刑部侍郎辛亶因穿了一件俗称为"利于官"的绯裈，就招来了杀身之祸。文帝认为他的行为是在搞厌蛊之术，遂下令斩杀。赵绰说："按照法律，他不该被处死，我不敢奉诏。"皇上很是生气，对赵绰说："你怜惜辛亶，就不怜惜你自己吗？"于是，令左仆射高颎斩杀赵绰。但赵绰毫无畏惧，说："我宁可让陛下杀了我，也不愿让您杀了辛亶。"说罢，就将衣服解开，做好赴死的准备。事实上，文帝并不是真正想杀赵绰，他曾秘密派人问赵绰，究竟想要怎样？赵绰回答说："执法一心，不敢惜死。"最终，文帝无奈，拂衣而入，过了好久，才让他退下。次日，思考了许久的文帝向赵绰致歉，慰劳勉励他的执法公正。

还有一次，大理掌固来旷诬告赵绰滥免徒囚，文帝派人调查后，并无此事。于是，文帝大怒，欲杀之。文帝原以为，赵绰对这个想谋害自己的人唯恐避之不及，皇帝既然下令斩杀，赵绰并不会过多阻止。谁知，赵绰却说："根据法律，来旷罪不至死。"于是，文帝拂衣入内宫，不理睬赵绰。赵绰又言："臣不再说来旷的事情，臣还有其他事请奏。"于是，文帝便让他进了内宫。赵绰再次拜见后，言道："臣有三条死罪。身为大理少卿，不能好好管教下属，使来旷触犯刑法，这是第一条死罪；来旷罪不至死，然而臣不能为他据理力争，免去死罪，这是第二条死罪；臣原本没有其他事，却对陛下谎称有事，这是第三条死罪。"文帝望着赵绰，许久未动声色，渐渐地，紧皱的眉头舒展开来。最终，文帝免除了来旷的死刑，将其发配到广州。

适时，文帝因盗贼屡禁不止，欲以重刑以正法纪。赵绰知晓后，进谏道："陛下应推行尧舜的仁道，多存宽宥。何况法律的设立，乃是要取信于天下，怎么可以随便更改呢？"文帝认为言之有理，遂听取了赵绰的建议。执政晚期的文帝经常用刑不依科律，动辄严刑酷法。每每遇到这种情况，赵绰都以死护法，纠正文帝的错误行为。

独孤陀事件

开皇十八年（598）二月，独孤皇后突感浑身不适，一病不起。文帝与独孤皇后情深意笃，自是非常担心，忙召御医前来诊治。适时，宫外杨素府邸，杨素之妻郑氏也出现相同症状。御医仔细查看病症后，对文帝言道："陛下，这不是寻常的生病，乃是有人使用巫术——猫鬼之术所引起的。"

"猫鬼"二字一出口，文帝便陷入了沉思，立马在脑海中浮现出一个人的名字——独孤陀。独孤陀乃是延州刺史，生性喜好这些旁门左道，他的母亲与妻子都曾奉养过猫鬼。虽然文帝当时有所耳闻，但对猫鬼之术总是不信的。即使曾有人上奏，他的母亲就是被猫鬼之法所害死的，文帝也是以无稽之言严厉地斥责了该人。而今，仔细想想，独孤陀的嫌疑无疑是最大的。独孤陀本是独孤皇后同父异母的弟弟，但因琐事与皇后生隙，而独孤陀的妻子也是杨素之妻同父异母的妹妹。种种的蛛丝马迹，都将矛头指向了独孤陀。于是，文帝下令左仆射高颎、纳言苏威等人一同查办，务必要将事情查得水落石出。

果然，此事与独孤陀脱不了干系。据高颎等人禀告，独孤陀家中有一婢女，名唤徐阿尼。她信奉猫鬼之术，认为猫鬼能够杀人，且每当猫鬼杀人时，死者家中所有的金银财物都会神奇地转移到蓄养猫鬼的人的家中。

文帝听后大怒，立即派士兵扣押了独孤陀夫妻，不日处死。还在病中的独孤皇后知道后，绝食三日，为独孤陀一家向文帝请命。她对文帝言道："独孤陀若是犯了蠹政害民之罪，臣妾自会一句话也不说。但而今他因臣妾入狱，臣妾实在不忍,所以恳请陛下免其一家死罪。"与此同时,独孤陀的弟弟独孤整也入宫向文帝求情。最终,文帝赦免了独孤陀一家的死罪,将独孤陀贬为庶民,令他的妻子出家为尼。四月,文帝下诏,凡是供奉猫鬼、畜养毒虫、从事妖术的家庭,都流放到边陲地区。

隋文帝之死

仁寿四年（604），文帝久病不愈，在仁寿宫休养。左仆射杨素、兵部尚书柳述、黄门侍郎元岩等人随旁陪侍。不久，文帝驾崩的消息便从宫中传出。

据《隋书·杨素传》记载，太子杨广当时也入居于大宝殿中。文帝病重时，杨广虽身为太子，但依然在为皇位的最终归属而惴惴不安，他时刻担心文帝会突然重拟诏书。焦虑的他再也按捺不住内心的欲望，亲自写了一封信，向随侍在旁的杨素询问文帝病情，并透漏出谋划继位之意。此时的杨素早已是杨广的心腹，他回信给杨广，不仅了报告了文帝的病情，还为杨广筹划了应对之策。不幸的是，二人的通信被宫人误送给了文帝。文帝阅览后，大怒。恰逢此时，宣华夫人陈氏又指控太子对其无礼。怒上加怒的文帝，有了重立储君的念头，他召见那时已为庶人的废太子杨勇。杨广得知后，很是不安，立即找杨素商量对策。杨素便棋行险着，谎颁皇帝诏书，先是封锁了宫禁，之后将仁寿宫侍奉的宫人全部遣退，让张衡入内陪侍。当日，文帝便驾崩了。于是，宫内外顿时谣言四起。

在《隋书·宣华夫人传》中，则是另一种说法。当时，宣华夫人陈氏与太子杨广一同陪驾在旁。黎明之时，宣华夫人准备出去更衣，在途中，却遭遇了太子的骚扰。逃脱后，便立即向文帝哭诉太子的无礼行为。

文帝勃然大怒，说："畜生何足付大事，独孤诚误我！"

便大声对兵部尚书柳述、黄门侍郎元岩说："召我儿！"

柳述等人问："是太子吗？"

文帝说："是杨勇。"

于是，柳述与元岩退出大殿，起草诏书。写完诏书后，他们给左仆射杨素看了一眼。杨素大惊，立即通报太子杨广。杨广一方面派张衡入寝殿，另一方面把宣华和容华两位夫人及后宫同侍疾人员，全都软禁于别室。不久，文帝便驾崩了。

文帝驾崩的那一夜，究竟发生了何事，已经是不得深知了。但从《隋书》中所记载的内容来看，文帝之死与其子杨广是干系颇深的。

杨广即位后，是为炀帝。他的哥哥原废太子杨勇在即位之前被他斩草除根，弟弟汉王杨谅起兵反抗，不久也被平定，秦王杨俊因妃子下毒，早在此之前就已病死，蜀王杨秀因与杨广不和而遭软禁，后也被杀害。

杨广的夺嫡之路

文帝在世时，共有五个儿子，皆为独孤皇后所生。其中杨广排行老二，其余诸子分别为大皇子杨勇，三皇子杨俊，四皇子杨秀以及五皇子杨谅。文帝登基后，按照嫡长子继承制，立大皇子杨勇为太子。然而，与其他皇子相比，杨广战功赫赫，岂肯安心于为人臣子，于是便萌发了争储的念头。

首先，为了取悦母后独孤氏，他极力掩饰自己的骄奢淫逸。当时，太子杨勇不仅多姬妾，而且独宠昭训云氏，对母后挑选的太子妃元氏熟视无睹。没过多久，太子妃元氏突然薨逝。独孤皇后总认为，此事必有蹊跷，因而对太子心生不满。

杨广知道此事后，明白母后对妾氏的厌恶。于是，在人前极力伪装自己。他只与萧妃居住在一起，对其他后宫妾室从不询问。文帝和独孤皇后每次派人到晋王府宣诏时，无论来人官居何职，杨广不仅必定会携同萧妃在门前恭候，同时也会为使者准备丰盛的佳肴和礼品。由此，使者们每次回宫复旨，无不称赞杨广仁爱贤孝。此外，当文帝与独孤皇后驾临杨广府第时，杨广也总把那些美妾藏匿起来，而独留下那些年老色衰之人，不着任何粉黛纹饰，随旁侍候。王府内的屏帐也皆改为素雅风格，王府内断绝一切丝竹管弦，乐器上的灰尘更是有意不拂去。这些都让素来节俭的文帝和独孤皇后十分欣慰，由是更加喜爱这个儿子。

后来，杨广被任命为扬州总管，欲离京前往扬州，于是便进宫向文帝与独孤皇后辞行。一见面，杨广便跪于地上泪流不止，诉说离别愁绪与命途多舛。独孤皇后听之,也潸然泪下。

　　杨广哽咽地说道:"我深知自己愚笨,常念及兄弟之情,然不知何处得罪了大哥,以至于他总是对我满怀怨气,想要将我除之而后快。我每天都很担心,怕稍不留心便遭亲人诬陷,被人投毒致死。"本就对太子不满的独孤皇后听后,气愤地道:"我给他娶了元氏的女儿,他竟然不以夫妇之礼对待元氏,却独宠妾室云氏。先前,元氏被毒害而死,我虽早有疑惑,但并没有追究此事。没想到,他竟然对你也生出如此的恶念。你父王与我尚活着,他就敢如此。若我们驾鹤西去,那岂不是兄弟皆无所活。"杨广跪在地上,啜泣不止。独孤皇后一方面对太子怏怏不快,另一方面见杨广如此这般温良恭俭,也是悲伤不已。此后,独孤皇后常在文帝面前言说太子的种种不是,以至于文帝也渐渐厌烦起太子。

　　当然,由于太子杨勇本人对言行举止的不在意,以至于落人话柄。明明知晓文帝崇尚节俭,还要在已经是很精美华丽的铠甲上再添装饰;明明知晓母后不喜欢妾室,还要一意孤行独宠云氏。甚至于在冬至时期,不顾礼法等级、君臣之别,在东宫排列乐队,接受朝中百官的朝见。从此,文帝对杨勇逐渐疏离,更是产生了防备之心。

　　其次,杨广也极力拉拢当朝权臣宇文述、杨素等人。一方面举荐宇文述为寿州刺史,还虚心向宇文述请教夺嫡之策。宇文述说:"陛下与皇后本就对太子十分不满,而对您宠爱有加。太子废立是国之大事,我为臣子,本是不好谋划的。陛下十分信任杨素,若能结交杨素,太子之位必然是水到渠成。而杨素凡事都与其弟弟杨约商量筹划,这将是我们接近杨素的突破口。我很了解杨约,必能将此事办稳妥。"

　　从此,宇文述常邀杨约一起饮酒作乐。每次宇文述都故意输给杨约,杨约赢了很多的金银财宝,很是高兴。宇文述借机言道:"这些钱财皆是晋王殿下所赐。"杨约大吃一惊,询问为何。宇文述转述了杨广的用意,并劝说道:"你们兄弟功名盖世,执掌大权多年,朝臣多少人都对你们虎视眈眈!

且太子受限于你们，在学习治理朝政上举步维艰，本就很痛恨你们。若有一天陛下薨逝，谁又能庇护你们呢？刚好现在太子不为皇后所喜爱，皇上也有罢黜之意，若此时您哥哥能从旁相助，日后晋王必定铭记于心。"果然，杨约将此话告诉了杨素，杨素深以为然。

杨勇没有了帝后的宠爱，没有了权臣的扶持。杨广在一步一步的精心谋划下，于开皇二十年（600）成功将杨勇拉下太子之位。同年，他也如愿登上了太子之位。之后，他又让杨素诬陷四皇子杨秀，借助文帝之手，将杨秀贬为庶民。公元604年，文帝病重。杨广伙同杨素等人掌握大局，不久文帝崩逝，杨广假传圣旨将废太子杨勇处死，以绝后患。

开凿大运河

事实上,早在文帝时期,隋朝就开始了运河的开凿。

渭河多沙,河水深浅不固定,漕运不畅,百姓深以为苦。开皇四年(584),文帝下诏令太子左庶子宇文恺开凿渠道。他们引渭水,自新都大兴城向东直至潼关,共三百余里,修建广通渠。此后,关内与外界的漕运与通商都离不开此渠。开皇七年(587),文帝又命人开辟山阳渎。他们沿着春秋时期吴王夫差所开掘的旧河道开凿,从江苏扬州一直延伸到了江苏淮安。此渠对当时发兵攻陈的兵力调运至关重要。

炀帝继位后,以东都洛阳为中心,由北至南,又开始了大规模的运河开凿。大业元年(605)三月,炀帝先是向河南淮北诸郡征发了数百万人,开凿通济渠,沟通了黄河与淮水水域。同年,又征发淮南之民十余万人前往开凿邗沟,连接淮水与长江水域。

整个运河河宽二百四十尺,不仅在河两岸建造利于出行的便道,同时还遍植柳树,美化沿岸风景。当年,炀帝三下江南时,都是由此条运河南下的,故又被称为"御河"。

大业四年(608)正月,炀帝再向河北诸郡征发百余万人,开凿永济渠。他们引沁水,南达黄河,北通涿郡。当时,诸郡男丁不足,甚至还征调女子前往服役。大业六年(610)十二月,炀帝下令开凿江南运河,具体的征发人数不详。但从镇江到余杭,河长八百余里,河面宽达十多丈。至此,黄河、淮河、长江等主要水系因人工运河,得以贯通。

虽然开凿大运河也利用了既存的河流以及旧河道，然而这是一项极其艰苦的工程。运河的开凿固然在一定程度上对经济发展、文化交流、政治稳定等都有积极影响，但因大量征发民丁服役，百姓深受其害，怨声载道。

三访流求

大业三年（607），炀帝派遣羽骑尉朱宽率船队出海，寻找异域风俗。

当时，海师何蛮将自己之前临海远眺的所见，上书炀帝。据他说，每年春秋两季，天朗气清，海面风平浪静之时，向东远眺，海面会隐约有一处烟雾缭绕之地，但不知相距几千里。于是，炀帝便让何蛮与朱宽一同出海寻找这神秘之地。

所行船队在海上漂泊了数日，一无所获。突然，海面上出现了一块陆地，众人惊呼：这便是流求国。登岛后，由于语言不通，两方人员根本无法正常沟通。逗留几日后，他们便启程回朝。临行前，还带了一位岛上之人，一同回去复命。归来后的朱宽等人，受到了炀帝的热烈欢迎。这座海上岛屿，也激发了炀帝的征服欲。

次年，炀帝又派朱宽等人前往流求，进行慰问安抚，企图建立两地的友好联系，却遭到了流求王欢斯氏的拒绝。朱宽无奈，带了些流求兵的布甲，黯然回朝。

大业六年（610），炀帝第三次派人前往流求，欲用武力征服流求。武贲郎将陈棱、朝请大夫张镇州率大军从义安渡海出发。大军先是到达高华屿，又向东行军二日，到达鼊屿，后又过一日才至流求国。刚开始，流求人见到如此大阵势的船队，皆以为是前来贸易的商船，遂纷纷上前观望。陈棱先是派出军队中通晓流求语的人，向流求王及其子民传达了炀帝的慰谕，流求王依旧是不愿臣服。陈棱遂下令进攻，一直打到流求王的宫室波罗檀洞。流求王欢斯氏虽率兵抵抗，但皆被击败。最终隋军大获全胜，不仅烧毁了流求王的宫室，还俘虏了流求国男女数千人，满载战利品而归。

从寻找流求，到征服流求，在这一过程中，炀帝对流求的风土人情进行了全面的了解。

三巡江都

据《隋书》记载，大业元年（605）三月，在下令命杨素营建东都的第二天，炀帝颁布了"巡历淮海"的诏书。八月，炀帝开启了他的第一次江都巡游。他从显仁宫出发，由王弘派龙舟前来迎接。炀帝所乘龙舟高四十五尺，长二百尺，共四层。上层设置正殿、内殿、东西朝堂；中间两层共有一百二十间房，皆用金玉装饰；下层为内侍所住。皇后萧氏所乘的翔螭舟，虽规制小于龙舟，但内里装饰毫不逊色。此外，还有九艘浮景船，以及供后宫佳丽、王孙贵胄等乘坐的数千艘船只随驾同行。所有的船只都设有挽船的民夫，共计八万余人。

船只首尾相连，绵延二百余里。一旦夜间燃起灯火，江河陆地宛若白昼。随行两岸，还有骑兵护卫同行。所到之处，旌旗蔽野，甚为壮观。炀帝船凡经过的州县，都需进献美味佳肴。最多的一州进献了百车辆的食物，里面装载的都是水陆珍奇。若后宫吃腻了、吃不完的，在出发时，便就地掩埋。

大业二年（606）二月，炀帝又命牛弘等议定舆服、仪卫制度，命何稠等营造舆服羽仪，送至江都。为此服役的工匠达十万余人，花费的金银也不计其数。当时，为了羽仪的制作，炀帝下令各州县征收羽毛。百姓为了进献羽毛，布下天罗地网搜集，很多鸟兽几乎被捕绝。据说，当时在乌程有棵超过百尺的树上有一个鹤巢。因树没有旁枝，人无法攀登，但为了得到鹤的羽毛，人们商议砍树。正要伐时，一片片鹤毛飘然落下。当时有人奉承道："天子制羽仪，鸟兽自动献羽毛。"

第二次巡幸江都是在五年之后的大业六年（610），炀帝为巡行做了充分准备。大业五年（609），先是命人大规模兴建了江都宫。江都宫规模宏伟，装饰华丽，内设各种名号的宫室就有十多处。还在运河之畔的城东湾头、城南扬子津又各建有行宫。到达江都后，为了加强对江南的统治，大业六年（610）六月，炀帝提升了江都的行政等级，使江都太守的品级与京尹同等。之后，又在江都竭力拉拢南方籍将领。不仅任用江南籍贯的将领，还许以锦衣玉食、加官晋爵。

稳定了南方的局势后，大业七年（611）二月，炀帝便踏上了讨伐高句丽的征程。他亲率大军由江都御龙舟北返，没有径直回东都洛阳，而是转入刚刚开挖好的通济渠，跨过黄河北上，前往地处前线的涿郡。

大业十一年（615），因杨玄感起义时将运河上的龙舟全都烧毁了，炀帝遂下令江都重造千艘龙舟，且制度规模均要高于前者。第二年，江都受命新制的龙舟完工，送达东都。宇文述趁机劝说炀帝巡游江都。虽然其他大臣百般阻挠，但炀帝去江都之意非常坚决。凡是劝谏之人，皆被斩杀，自后再没有敢进谏的人。离宫时，炀帝以诗留别，写道："我梦江都好，征辽亦偶然。"

事实上，所谓的隋炀帝下扬州看琼花的故事，都出自明清时期的小说。其实，直到隋炀帝死在扬州之前，琼花还没有出现。琼花的出现，一般认为是在宋代。隋炀帝来扬州是不可能看到琼花的，这不过是后人的杜撰罢了。

赵州桥

隋朝一统南北后，开始休养生息，百姓的生产、生活也逐步迈入正轨。当时，作为沟通南北的必经之地——河北赵县却被城外的一条洨河完全隔断，严重影响了南北的交通通达和文化贸易交流。于是，大业元年（605），隋朝廷派遣李春在洨河上建造一座桥梁。这就是后来举世闻名的赵州桥。

整座桥全长64.40米，宽9.60米，拱跨37.02米，拱高7.23米。桥身由二十八道独立的石拱拼合而成，不仅便于载重量的均匀分散，同时也便于日后的维修。在中间大拱的两肩，又各设计了两个小型拱洞。这一创造性的设计，不但节约了建筑石料，减轻了桥身的重量，更便于在洪水季节快速泄洪，增加桥洞的过水量，减轻洪水对桥身的冲击。同时，拱上加拱，也使得整个桥身更加美观、均衡。

而在桥面设计方面，分为三条区域，中间专供车马通过，两侧供行人通过。这既提高了桥面的通行效率，也避免了人马相撞的意外发生。李春还在桥的栏杆上雕琢了许多精致的图案，刻工精美，形象逼真。

赵州桥以其古老的历史、精巧的结构、完美的造型，成为世界桥梁史上的一朵奇葩。它那拱肩加拱洞的独特设计是世界桥梁建筑史的首创，直至十四世纪，欧洲才出现同样类型的设计——塞雷桥，然而此桥早在岁月的洗礼中被废弃，而赵州桥经历了一千四百多年的沧桑，现在依然屹立在洨河上。

长白山起义

大业七年（611）二月，炀帝从江都前往涿郡，开始了第一次的远征高句丽。他先是命幽州总管元弘嗣前往东莱海口，筹备三百艘船只，以备战需。劳役们在水中昼夜赶工，即使自腰以下皆生蛆，也不敢懈怠半分，因此丧命者有十之三四。不仅如此，炀帝还广征天下之兵以备战。不管距离远近，人们皆如奔腾的洪水般，从四面八方往涿郡汇集。

他命河南、淮南、江南三地建造五万乘戎车，送往高阳，以便前方运载衣甲幔幕。他征河南、河北的民夫以充军需。他令江淮以南的民夫与船只，将黎阳和洛口的所有仓米运输到涿郡，舳舻相连，绵延数千里。运河上，近数十万人填咽于道，昼夜不绝。死亡者相互依枕，臭秽盈路。

战事准备本就劳民伤财，但炀帝也没有放弃个人享受，依旧三下江都，游乐嬉戏。三千余人徒步随驾龙舟，行进三千余里的路程，疲乏劳累，饥寒交迫，因此致死者有十之一二。四月，炀帝到达涿郡的临朔宫后，明知在战时筹备期，依然大兴土木。随从的文武官员，凡九品以上皆赐予府邸。

适时，山东、河南又遇水灾，三十多个郡县被淹没。可这都没有放缓炀帝征战高句丽的步伐，也没有降低炀帝对这些地区的人财物的掠夺。自从远征高句丽以来，炀帝在山东设置府衙，饲养马匹以备军需。又发动民夫运输粮草到泸河、怀远二镇，可多是有去无回，死亡过半。而原本的庄稼良田如今也多荒芜，无人耕种。于是，饥荒爆发，粮食价格全线飙升，尤以东北边境为甚。

一时间，百姓困穷，难以生存，只能拉起反抗大旗。大业七年（611），邹平县农民王薄，率领那些逃亡的百姓，正式发动起义。他们占据了长白山，一边自称"知世郎"，为百姓解答天下大事，一边又作《无向辽东浪死歌》，来劝说那些被征用的百姓不要为炀帝去高句丽送死，加入起义大军，反抗暴行。随后，各地也纷纷发动响应。平原豪刘霸道聚众十余万，在豆子航发动起义，号称"阿舅军"；张金称聚众在河曲起义；高士达聚众在清河境内起义；等等。

这些起义，在全国各地掀起了反隋的浪潮，一些贵族地主也趁机起事。之后，不管炀帝如何派兵镇压，也始终是"野火烧不尽，春风吹又生"。

杨玄感起兵

杨玄感出身世族大家,父亲是大名鼎鼎的隋朝四大名将之一的杨素。虽然家世如此显赫,但他是起兵反隋的第一个世家子弟。

大业九年(613)四月,炀帝再次亲征高句丽。此时,杨玄感被任命为黎阳督运,负责前线粮草运输。此时杨玄感深知,炀帝对他猜忌甚重。于是,杨玄感便和武贲郎将王仲伯、汲郡赞治赵怀义等谋议,先发制人,兴兵反隋。他们先是扣押了输送到前线的粮草,致使炀帝大军陷入饥荒。炀帝派使者前来催促,杨玄感敷衍回复道:"由于水路运输,盗贼较多,粮草不能同时出发,故有所延误。"之后,杨玄感又借镇压农民起义为由,将跟随炀帝、远在辽东战场的弟弟们秘密召回。

当时,右骁卫大将军来护儿奉命率水军从东莱进攻平壤。杨玄感随即大造声势,称来护儿叛乱。他以征讨来护儿之名,向周边郡县发出围剿文书,聚集众兵于仓所。他还征选了五千多名的搬运工和三千多名船夫,以李密之计谋,向东都洛阳进军。

在誓师大会上,杨玄感道:"我身为上柱国,本是富贵无比,却甘愿冒着灭族之罪,只是因为我想要和诸君一同解救身在水火之中的天下百姓,你们愿意和我一道吗?"众人听后,纷纷响应。数日便发展到十余万人。

可由于叛徒告密,留守洛阳樊子盖等人早有防备。他们在起义军前往洛阳的途中,设置层层关卡。杨玄感所率起义军遭受沿路隋军的顽强抵抗,只得改道而行,从汲郡渡黄河至洛阳。到达洛阳后,起义军立即发起了对洛阳的围攻战，可久久未能攻下。

适时，杨玄感作乱的文书传至远在辽东战场的炀帝手中。炀帝大惧，对苏威说："杨玄感此人十分聪明，如此放任不管，必然会后患无穷的。"当时，很多官宦子弟也追随杨玄感起义，炀帝更是忧虑重重。于是，连召左翊卫大将军宇文述、左武候将军屈突通班师回朝，讨伐杨玄感。隋朝大军被迫回撤洛阳，营中的所有器械等皆被就地丢弃，营帐等也未收纳，就仓皇离去。

此时，全国各地农民纷纷起兵响应杨玄感，诸如余杭人刘元进、梁郡民韩相国等。不幸的是，隋朝大军的回调，使得杨玄感腹背受敌。八月，杨玄感兵败。杨玄感自知死罪难逃，对弟弟杨积善说："事已至此，我不想被他人侮辱，你杀了我吧。"杨积善遂抽刀斩杀了杨玄感。炀帝气愤，在东都市磔其尸三日，才肯罢休。

平定杨玄感之乱后，炀帝曾对御史大夫裴蕴感慨道："玄感一呼而从者十万，可见天下人不能过多。多了，聚集在一起就会有叛乱。如果不诛杀，就不能以儆效尤。"于是，樊子盖等人受命清除杨玄感党羽，手段极为残酷。三万多人被抄家诛杀，其中受冤致死者近一半，六千多人受连累被流放。之前，杨玄感围困东都时，曾开仓救济百姓，就连接受救济之人，也都被坑杀了。

远征高句丽

公元581年，隋朝建立后，高句丽派遣使者入朝献贡，并接受了文帝的"高丽王"册封。当时，隋朝刚建国，天下并未完全统一，南陈占据江南之地。高句丽便转而向南陈进贡，主动疏远了与隋的友好关系。

开皇十八年（598），高丽王率众入侵辽西之地。文帝知道后，大怒，遂任命汉王杨谅为行军元帅，统领水陆大军共三十万人，向高句丽发起进攻，并下诏罢黜高丽王的爵位。但此次远征，由于连日大雨，粮草运输供给不及，加之大军行至临渝关时，又遭遇瘟疫盛行，连受打击，大军死伤高达十之八九，士气更是萎靡不振，最终被迫班师回朝。而高丽王也迫于隋朝的军事威胁，主动上书认错。至此，双方化干戈为玉帛。

炀帝即位后，远征高句丽又被提上了日程。炀帝前后曾三次发动对高句丽的战争。大业八年（612）正月，隋朝大军受命集结于涿郡。当时，集结的隋军共一百一十三万人，对外称二百万大军。加之超过一倍兵力的粮草运输之人。如此庞大的军队，全由御驾亲征的炀帝一人指挥，各将领皆不敢逾越半分。大军浩浩荡荡，一日出发一军。据说，前前后后共用了四十天，才全部出发完毕。军队间隔而行，旗帜连绵数千里。如此庞大的出征场面，更是古之未有。然而，高句丽各地据城固守，隋军久攻不下。六月，炀帝到达辽东，谴责众将领办事不力。七月，宇文述败于萨水，右屯卫将军辛世雄战死。当时，隋军兵分九路，共三十万五千人渡过辽河，此时仅有二千七百人尚存。炀帝震怒，但也只能下令班师回朝。

大业九年（613）正月，炀帝整顿军队，征调天下兵，组成"骁果"，以备远征之需。四月，炀帝又再次发兵进攻高句丽。但这时，恰逢远在黎阳督运军资的杨玄感起兵。身在辽东的炀帝听闻杨玄感作乱，更有众多世家子弟响应，愈加忧心忡忡。他只得放弃了继续远征，率军返回镇压。虽然最终平乱成功，但此时天下揭竿而起者已无法控制了。

大业十年（614）二月，炀帝诏令群臣商议出兵高句丽之事。可朝堂中，数日间无人敢言论一句。于是，炀帝又再次一意孤行，发天下兵力征讨高句丽。隋军行至涿郡，逃兵不计其数，大军未战而先人心涣散。而另一边，高句丽也因连年战事，国力困弊，遂主动提出求和。炀帝听闻后，欣然同意。

炀帝三次一意孤行，举全国之力，远征高句丽。不仅导致国力枯竭，而且各地百姓怨声载道。一时间，全国各处烽烟四起，而炀帝再也无力回天，最后只能看着隋王朝被推翻，连自己的生死都无法掌控。

萤火夜游

大业十二年（616）正月，炀帝下令，命毗陵（今江苏省常州市）通守路道德，集十郡之兵，在毗陵郡城东南营建官苑。官苑占地方圆十二里，仿制东都西苑规制，内设十六所离宫，但在规模形制上皆要远超西苑。事实上，当时的东都西苑已极尽豪奢。不仅占地甚广，且官苑内还开凿出周长为十余里的内海，海中有"神山"点缀，赐名蓬莱、方丈、瀛洲等，山过水面近百余尺，甚是壮观。山中又间或亭台楼阁，远远望去，宛若仙境。龙鳞渠蜿蜒流入官苑中的内海，不断更新着苑内的水源。沿着龙鳞渠又建造了十六院，院内装饰、景色皆极端华丽。每当秋冬季节，院内的树木枝叶凋谢时，宫人们就会用彩绸做成花叶，让干枯的树枝重现生机。若彩绸颜色稍有褪色，宫人们即会立刻更新，保证院内景色四季如春，足见炀帝在官苑建造上的大手笔、大制作。当时，炀帝还欲在会稽建造官苑，但适逢各地起义不断，才就此搁置。

三月，炀帝在西苑水上，与群臣宴饮。如此春光水色，让炀帝如痴如醉。于是，他先是让学士杜宝收集了古代七十二个有关水的故事，撰写成《水饰图经》。之后，又令官员依据故事，用木材制成其间杂着乐妓的酒船，栩栩如生的木制小人皆能活动，和着钟磬筝瑟，也都能发出悦耳的音乐曲调。

此时，各地起义告急。先是张金称攻陷平恩、武安、钜鹿、清河各县。后是历山飞的部将甄翟儿率众十万人攻打太原，将军潘长文兵败身亡。虽如此，帝王的游乐雅兴并没有消退。

五月里，景华宫内，炀帝下令四处征集萤火虫。数斛的萤火虫在炀帝夜间游山时被放出，莹莹光亮，照亮山谷，那场景是何等浪漫、壮观。在这洛阳的华丽宫殿——景华宫内，不仅有萤光闪烁，而且有美人美酒相陪，炀帝的心情自然是极好的。

适时，天下起义不断，炀帝便随口询问了一句。左翊卫大将军宇文述深知炀帝喜好，答道："各地起义正在逐渐减少。"炀帝又问："比过去相比吗，少了多少？"宇文述答道："已经不及过去的十分之一了。"炀帝听后，更是高兴，局面一派欣欣向荣。然此时，纳言苏威"不识时务"，上前言道："臣不知负责此事的官员是否知情，但臣知道的是，那些起义军现在已经快打到京师了。"截然相反的军情，让炀帝很是疑惑，问道："何以这么说？"苏威答道："原先起义军只是集中在长白山一带，如今已临近汜水。近来上奏的军情频频有误，导致围剿起义军皆不能成功。此外，原先陛下已经下令不再讨伐辽东，可如今又要兴兵再战。可谓是一波未平一波又起，如此这样，天下起义怎么会减少呢？"炀帝听后，顿时很是扫兴。后来，苏威被贬官，降为庶民。

杜伏威江淮起义

作为隋末农民起义军中不可忽视的一股势力，大业九年（613），杜伏威与生死之交辅公祏正式加入反隋大潮。

当时，杜伏威年仅十六岁。每次征战时，都一马当先。撤退时，更是一人殿后。因此，备受士兵爱戴，被推举为起义军统帅。在辅公祏的说服下，另一只由苗海潮统帅的起义军也前来投诚。杜伏威率众在淮南一带转战掠夺，自称将军。一时间，军事实力大增。

这时，江都留守派校尉宋颢率兵讨伐杜伏威。杜伏威与宋颢交战，佯装战败，将宋颢率领的官军引入芦苇丛中，趁着顺风之势纵火，大败隋军。不久，海陵赵破阵以杜伏威兵少，想兼并杜伏威。杜伏威一方面让辅公祏率兵在外严阵以待，另一方面自己协同十余亲信，带着美酒、牛羊等，前来会见赵破阵。趁其不备，在座位上将赵破阵杀死，兼并了他的部众。

义宁元年（617）正月，隋右御卫将军陈棱奉命征讨杜伏威。杜伏威率部众奋死抵抗，然而陈棱却紧壁营垒，不出来交战。一时间，双方陷入僵局。于是，杜伏威心生激将之策，先是派士兵给陈棱送去了妇人所穿的衣服，然后在营外叫嚣陈棱为"陈姥"。陈棱勃然大怒，立即率军出战。结果，正中杜伏威之计。隋军惨败，仅陈棱一人逃脱。随后，杜伏威乘胜追击，攻占了高邮、历阳之地。

一时间，杜伏威大军所到之处，攻无不克，江淮之地的起义军皆来投诚。杜伏威也很懂用兵之法。他在军中挑选五千人，组成敢死队，称之为"上募"。每次临战时,他都会让"上募"先行出击,然后战后审查诸将士。在他看来,将士后背的伤皆是因为后退的缘故,因此若将士的背上出现伤痕,就会被处死。而对这支"上募"之军,杜伏威也是极为优待的。战场上缴获的财物,杜伏威也会悉数拿来犒赏将士。

义宁二年(618),杜伏威向东都越王杨侗称臣,被封为楚王,担任东道大总管。武德二年(619),由于唐朝实力的强大,又向唐投诚。

瓦岗起义

大业十二年（616），东都法曹翟让因事获罪，被处以死刑，不日问斩。狱中，狱吏黄君汉见翟让骁勇善战，十分敬重。于是，他趁其他狱卒不备，在夜间偷偷潜入监狱，打开了枷锁，放了翟让。翟让惊喜之余，更是连连拜谢。但又因怕连累黄君汉，不禁潸然泪下。如此危急关头，黄君汉见翟让却哭哭啼啼，发怒道："原以为你是大丈夫，能够救民于水火之中，所以才不顾性命之忧解救你，没想到你却像个孩子一样！你顾好自己，不用担心我！"

于是，翟让逃到了瓦岗，开始组织起义。同郡的单雄信带领着一群少年也加盟其中。当时，一位年仅十七岁的少年徐世勣向翟让献计，建议他到荥阳、梁郡抢劫行舟、商旅，以充实自身的物资，翟让采纳了他的建议。日益充盈的物资也吸引了越来越多前来投靠的人，队伍很快便发展至数万人的规模。

当时，外黄王当仁、济阳王伯当、韦城周文举、雍丘李公逸等人也纷纷举起反隋大旗。李密因杨玄感兵败，被隋朝通缉，四处逃命。他辗转于这些起义的首领间，宣传自己谋取天下的计策。

民间流传着这样的一个传言：杨氏将被灭亡，李氏将取代之。而李密多次大难不死，又有文韬武略。大家纷纷猜测此人很可能就是他。于是，十分敬重李密。李密知道在诸起义军中，以翟让势力最为强大，便在王伯当引荐下，见到了翟让。他为翟让出谋划策，广说其他义军归附，渐渐地得到了翟让的重用。

随着瓦岗军的日益壮大，足智多谋的李密在瓦岗寨内部的声望也越来越高。贾雄是翟让的军师，翟让对他的话总是深信不疑。然而此人素与李密交情颇深。李密私下授意他，以占卜之术劝说翟让让贤。贾雄对翟让说："翟将军若自立为王，恐怕起义会失败。若立李密为王，大事必成。将军姓翟，翟者，泽也，而李密曾为蒲山公，蒲草非泽不生。蒲山公需要将军才可成事。"翟让听了此番话，信以为然。当时，李密再向翟让献计，说："而今四海动荡，百姓无法安居乐业。纵使您的兵马再多，若没有足够的粮草支持，单靠四处掠夺，肯定是供不应求的。久而久之，必然是纷纷离散的结局。但若能先取荥阳，休兵馆谷，待士马肥充，然后再与人争夺天下，必定会事半功倍的。"于是，翟让率部攻破金堤关，占领了荥阳诸县。

张须陀当时任荥阳通守，受炀帝命讨伐翟让。翟让惧怕之，准备退避。在李密的力劝下应战，最终张须陀中了李密的埋伏，全军被歼。经此一役，义军士气大为振奋。李密在起义军中的威望也更进一层。之后，李密单独率领军队，号为"蒲山公营"。他治军严明，生活简朴，常把抢来的金银财宝分给部下，受到了将士的广泛拥戴。后来，李密与翟让率领瓦岗军袭击了隋朝最大的粮仓——兴洛仓，并开仓救济广大百姓。瓦岗之军不仅得到了充足的粮草，也得到了天下民心。

义宁元年（617），翟让以反隋大业为重，自认为谋略不及，推举李密为主。李密被尊为魏公，最终获得瓦岗寨的领导大权。在李密的威望下，天下各地起义军云集归附，诸如秦叔宝、程咬金、罗士信、赵仁基等人，瓦岗大军发展至数百万。

瓦岗领袖李密

年少时的李密志向远大，多有才略。后世袭父亲的爵位蒲山郡公，又因父祖有功，被封为左亲卫府大都督、东宫千牛备身。

李密生得"额锐角方"，眼眸黑白明澈。炀帝见了后，问宇文述："左仗下黑色小儿是谁？"宇文述答："蒲山公李宽的儿子李密。"炀帝说："这个小儿的眼神十分与众不同，不要让他再任侍卫了。"随后，宇文述传达炀帝的话，说："你世代显贵，应当以才学显名，为何要做个侍卫呢。"李密听了备受鼓舞，于是准备奋发读书。听说国子助教包恺在缑山，准备前往拜师学习。他坐在牛背上的蒲草垫上，将《汉书》挂在牛的一角上，边行边读。恰巧这一幕，被越国公杨素看见了。杨素扣紧马缰使马缓行，跟随其后，感叹："哪个书生竟勤奋到这个地步？"李密本就认识杨素，下来拜礼。杨素问其所读为何书，答说《项羽传》。在与李密的交谈中，杨素对其十分赏识，回到家中，对儿子杨玄感说："我观察李密的学识气度，是你们比不了的。"杨玄感因此开始结交李密，并与之交往甚密。公元613年，杨玄感起兵造反，李密为其出谋划策。

之后，杨玄感兵败而亡，李密投奔到瓦岗寨。在此期间，李密凭借个人才能，为瓦岗寨的发展壮大作出巨大贡献。公元617年，翟让退位让贤，推举李密为王。李密自称魏公，拜翟让为司徒，封东郡公。

可不久，翟让身边的人都劝他重掌瓦岗寨大权。部下王儒信劝说翟让，自封为大冢宰，重新总管众务。哥哥翟弘对翟让说："天子之位只能自己做，怎能让旁人来做！你要是不愿意，我可以当啊。"李密听闻了这些言论后，萌生了除掉翟让的念头。

适时，瓦岗军刚打退王世充的突袭。于是，李密以宴会之名，召翟让赴会。会上，翟让的左右随行皆被赐予酒食，便纷纷放松警惕。李密安排翟让入席就座，拿出良弓，让翟让把玩。翟让刚把弓拉满，李密示意了一下，随即一壮士从后斩杀了翟让、王儒信等人，唯有徐世勣、单雄信得以幸免。

掌控瓦岗寨实权后的李密，愈加骄傲自负。李渊作书于李密，欲招降之。可李密自恃兵强马壮，想要做天下反隋起义军的盟主。于是，邀李渊至河内，面结盟约，配合灭隋。李渊笑道："李密实在是太狂妄放肆了。不过，此时应该对他卑辞褒奖，让他更加骄傲自满，这样他就不会专注到我军。由他去平定东都的隋军，而我则在关中，坐收渔翁之利。"

于是，便让温大雅作书回复李密："当今这天下之主，非子而谁？老夫年余知命，愿不及此，欣戴大弟，攀鳞附翼。"李密得书，甚是欢喜，对部下说："唐国公都如此推举我，这天下还不能平定吗？"于是，带领瓦岗军专心对抗王世充的军队。

窦建德起义

窦建德，隋末著名的起义军领袖。炀帝征兵讨伐高句丽时，他因胆力过人，被选为二百人长。当时，他的同乡好友孙安祖也被选为征士，因不愿前往，遭到县令毒打，失手杀死县令。窦建德为人义气，不仅在官府全力追捕孙安祖时，将其藏匿于自家中，还为孙安祖召集了一些贫苦少年，约数百人，由他领导，帮助他逃亡。后来孙安祖逃至高鸡泊（今河北省故城县西南），自号将军，起兵反隋。

恰逢张金称聚众在河曲起义，高士达聚众在清河境内起义。久久未抓到叛贼的官府，开始怀疑窦建德暗中相助，便下令将他的家人全部逮捕杀死，窦建德便带着麾下的二百人投奔高士达。不久，孙安祖因内讧被杀。窦建德收编了孙祖安的全部士兵，队伍壮大到了万余人。窦建德待人能倾囊相授，与士兵能同甘共苦，遂得到很多人的爱戴。

随后，炀帝派涿郡通守郭绚率万余兵力镇压高士达。高士达自知才略不及窦建德，便任命窦建德为军司马，负责军队指挥。窦建德请高士达留守辎重，自己亲选了七千名精兵，对抗郭绚。出城后，他谎称与高士达有隙而叛出，愿意当马前卒，助隋剿灭高士达。郭绚信以为真，带着兵马紧随窦建德至长河。就在此时，窦建德突然反过来进攻郭绚。毫无戒备的郭绚遭受窦建德的重创，死伤达数千人，窦建德还斩杀了郭绚，献于高士达。

不久，杨义臣乘胜追至平原，也欲镇压高鸡泊的起义。窦建德见杨义臣的军队刚得胜而归，正是锐不可当之时，建议先避其锋芒，等敌军将士疲惫之时，再乘胜追击。但高士达并没有采纳他的建议，让窦建德留守营地，自己率领精兵迎战。稍稍取得了一点胜利后，高士达便大肆纵酒高宴。窦建德听闻后，说："东海公还未真正破敌，就骄傲自大，恐怕祸事将近啊。"

五天以后，杨义臣大破高士达，斩杀了高士达，并乘胜北逐窦建德留守的大本营。

杨义臣杀掉高士达后，以为窦建德不足为惧，便班师回朝了。而窦建德乘其无备，攻陷饶阳，整理残余部队，厚葬阵亡将士，开始以将军自称。

当时众多起义军对隋朝官员和士族子弟都是杀之而后快，唯有窦建德善待他们。于是，很多隋朝官员献城来投降，窦建德的声势日益壮大，兵力达十万余人，成为起义军中规模较大的一支。

义宁元年（617），窦建德在乐寿设立祭坛，举行典礼，自称长乐王。

望镜兴叹

隋炀帝常年征战四方,让百姓苦不堪言。于是,各地农民起义接连不断,愈演愈烈。疲于镇压的炀帝常常会感到惴惴不安,大业十二年(616)四月的一天,大业殿的西院突然起了火。炀帝以为是各路起义军已经杀入皇城了,吓得他一路急急忙忙跑到西苑,躲在草丛间,一直等到火被灭掉以后,才肯安心从草丛间走出来。事实上,自从大业八年(612)以后,炀帝每晚都不得安睡,常常被噩梦惊醒,口中也总是念念有词:"有贼,有贼"。只有在众多妃嫔的不停安抚下,方能稍稍入眠。

随后,炀帝为了麻痹自己,开始了第三次江都巡幸。每况愈下的国家形势,不但没有让他悬崖勒马,反而使他变本加厉地纵情淫乐。百余房的江都宫殿里,住满了各色美人,他每日宠幸一位,如此循环享乐,日日酒不离口,日日歌舞升平,沉浸在这"温柔乡"中。

炀帝也常顾影自怜,他头束帛巾,身着单衣,拿着手杖,在宫中的楼台馆阁中慢行,非夜幕降临不能停歇,害怕再也无时日去欣赏这宫廷美景。因为炀帝通晓占候卜相之术,也爱说吴侬软语,遂经常在夜间,一边和萧后喝着酒,一边仰观着天上的星象。他曾对萧后说:"外面有很多人想要杀侬,然而侬不是长城公陈叔宝,你也不是沈后,还是尽情享乐吧!"便又斟满一杯酒,与萧后畅饮,直至酩酊大醉。

有时候,炀帝亦常望着镜子中的自己,对萧后说:"这么好看的头颈,谁会将他斩掉呢？"萧后很吃惊地问："何故说这样丧气的话呢？"炀帝笑着说："人生起起伏伏，贵贱苦乐肯定都会有，何必过分担忧呢！"这便是炀帝望镜兴叹的由来。

嫉贤妒能的炀帝

自古以来，那些开创盛世的皇帝，都有一个共同的特征——善于聚才纳贤，肯听谏言。而隋王朝之所以会如此短命，与炀帝生性不喜大臣上谏，嫉贤妒能不无关联。

炀帝曾对秘书郎虞世南说："如果此人已是地位显著，却又要以敢于谏言获得名声，我是不能容忍的。至于那些地位低下的人，虽然可以稍稍宽容，但也不会让他就如此安然地活着。"对于与之意见不同的上谏大臣，他多是下令斩杀。

大业十二年（616），炀帝欲巡幸江都。群臣皆以"今百姓疲劳，府藏空竭，盗贼蜂起，禁令不行，愿陛下还京师"为由，不肯前行，纷纷上表谏言。建节尉任宗上书谏言，于朝堂被当场杖杀。奉信郎崔民象上谏，不宜在此时巡幸，亦被炀帝斩杀。

纵然炀帝会询问大臣们的建议，但他的一意孤行导致无人敢上疏谏言，三次远征高句丽就是血淋淋的例证。大业十年（614），炀帝下诏，让群臣商议讨伐高句丽之事，然数日，却无敢言者，遂又复征天下之兵。这也是导致后期农民起义接连不断的直接原因。

炀帝善于撰写文章，常常自负才学，认为才能在天下之士之上，不想别人能够超过他。他常常对侍从说："天下人只知道我是靠着继承祖业而得这四海之地的。但若我与士大夫们一起考科举，我也会凭借这傲人的才学而为天子的。"

内史侍郎薛道衡因才学而极具盛名，当时无人能与之齐名，文帝时期一直担任枢要之职。后来他写了一篇歌颂文帝的文章——《高祖文皇帝颂》，炀帝看完后，十分不高兴，对苏威说："道衡如此赞美先朝，其实就是讽刺之作。"

后恰逢群臣商议新令颁布的事宜，但久久未能决断，薛道衡感慨道："要是高颎未死，法令肯定早已决断完毕，并执行很久了。"炀帝听闻后，大怒，这不是在追思高颎吗？于是，炀帝下令收押薛道衡。薛道衡自认为并不是什么严重的过错，以为炀帝会赦免他，还让家人准备好饭菜，招待那些前来慰问的宾客。可最后，他还是被炀帝下令缢杀了。而在薛道衡死后，炀帝谈及他时，说："看你现在还能作'空梁落燕泥'这样的诗句吗？"

宇文化及叛变

宇文化及是左翊卫大将军宇文述之子，其父亲因帮助杨广夺得帝位，深得其信任。年少时的宇文化及，生性刁蛮无理，无视隋朝法度，"好乘肥挟弹，驰骛道中"，被长安人称为"轻薄公子"。

炀帝即位后，宇文化及被任命为太仆少卿，仗着祖上的恩泽，常常目无法纪，贪图财利。大业初年，炀帝巡幸榆林。宇文化及和弟弟宇文智及趁此时朝中无人，便公然在边境与突厥人进行非法贸易。炀帝知道后大怒，不仅将他们囚禁了数月，还欲斩杀。最后，因顾念嫁入宇文府的公主，才网开一面。

宇文述临终前，含泪哀求炀帝，言道："臣的大儿子宇文化及，在陛下还为太子时，就曾随侍左右，希望陛下能够怜悯他。"这下，炀帝心软了，念及宇文一族的功勋，流着泪回道："我不会忘记的。"于是，炀帝重新启用宇文化及兄弟二人，任命宇文化及为右屯卫将军，宇文智及为将作少监。

义宁元年（617），瓦岗寨李密占据洛口，阻断了隋炀帝回京的道路，让身处江都的炀帝难以返回长安，而炀帝也早已沉醉于"温柔乡"中，放弃了北归。但他的随行军队"骁果"中多为关中人士，思乡心切，见炀帝毫无回京之意，意欲叛逃回去。这时，骁果总领武贲郎将司马德戡与武贲郎将元礼、直阁裴虔通、将作少监宇文智及等人达成共识，拥兵造反。众人约定，推选宇文化及为主上，遂将密谋之事告诉宇文化及。宇文化及生性驽怯，初听到此言论时，脸色骤变，汗流不止，许久才能平复情绪。

义宁二年（618）三月一日，兵变一触即发，炀帝被缢死于宫中。由于担心此时称帝会招来种种非议，宇文化及只得拥立炀帝之侄杨浩为帝，自封为丞相。然而朝中大权皆掌握在他手中。

十余天后，宇文化及带领十余万关中军队，抢夺了江都人的所有船只，从水路西归。行至徐州时，由于水路不通，又抢夺了当地人的车牛，约两千余辆，全用来装载宫人珍宝，而所有的铠甲兵器则让士兵们自己背负。漫长的道路使三军早已是疲惫不堪，以致怨声载道，甚至连原本拥护宇文化及的司马德戡等人都渐生嫌隙。

于是，他们利用士兵们的怨愤情绪，准备袭杀宇文化及，并拥立司马德戡为主。不料，这一计划被弘仁知晓了，他秘密地告诉了宇文化及。还未等司马德戡等人发起兵变，宇文化及先行一步，将司马德戡及其党羽十余人全部斩杀。

随后，宇文化及继续带领军队向西前进，不料遭到了瓦岗军的重创。大军损失惨重，宇文化及只得带着剩余的二万人马，逃到了魏县。此时，宇文化及心腹尽失，兵力也被大大削弱，无计可施的宇文氏兄弟日渐消极，整日借酒消愁，沉迷于享乐之中。但不甘心的宇文化及每每醉后，都对宇文智及感叹道："人生固有一死，难道我连一日的皇帝都当不了吗？"于是，下令毒死了杨浩，在魏县称帝，国号许，建元为天寿，设置百官。

武德二年（619），唐国公李渊派李神通围剿宇文化及，抵挡不住李唐大军的他只得逃往聊城。不久，农民起义军窦建德又率众来攻聊城。最终，被窦建德生擒，并斩首示众。

炀帝之死

远征高句丽的失败，巡游被围的九死一生逃脱，以及各地接连不断的起义，并未让隋炀帝对自己的所作所为有所反省，反而让他更加自暴自弃。大业十二年（616），移居江都的他对国事再也没有了往日的热情，整天沉溺于花天酒地、游玩享乐之中。

义宁二年（618）三月，江都的粮草储备岌岌可危。加之炀帝随驾军队"骁果"中多是关中人士，长期远离故土的他们，在江都之地倍加思乡。可此时的炀帝，整日沉迷于江南温柔乡中，迟迟未有北归之心。于是，军中许多将士们都暗自谋划叛逃之事。当时，凡是叛逃者，被抓回来后，皆被处以极刑，军中更是人心惶惶。武贲郎将司马德戡、元礼、监门直阁裴虔通、将作少监宇文智及等人，见隋朝大势已去，谋同炀帝信任的许弘仁、张恺等人，四处散布谣言，迷惑"骁果"。他们说："陛下听闻骁果军欲叛，早已备下了许多毒酒，想要在宴会时将你们全部毒杀了。如此他才能够与南人常留江都。"骁果军听闻之后，互相告之，反叛的心遂更加急切了。

事实上，当时有宫人发现宫外的谋反之事，向萧后密奏了此事。萧后派他去禀告炀帝。而炀帝却认为，这不是一个小小的宫人该过问之事，下令斩杀了此人。之后，再有上报反叛之事的，萧后都一一阻拦了。在她看来，而今天下已是无法挽救了，何必徒增圣上的烦恼呢。自此，宫中只有歌舞升平，再无叛乱之言。

而宫外，司马德戡意识到时机已然成熟，于是便把谋反的行动告诉所属旧部。众人皆唯其马首是瞻，道："只听将军的命令！"这日夜里，唐奉义与裴虔通约定，所有宫门都不上锁。司马德戡在城内招集兵马，以点火为信号，与城外里应外合。宇文智及等人聚集一千多人，劫持在城外巡夜的候卫武贲冯普乐。

当时，炀帝听见外面声响，询问发生了什么事。裴虔通谎称："草坊着火，外面的人在救火呢。"之后，他趁机打开宫门，先是以司马德戡带来的士兵轮换了各宫门的守卫，之后带领几百士兵在成象殿杀死了将军独孤盛，接着又带领士兵奔入永巷，搜查炀帝下落。他询问众人："陛下在何处？"一美人用手指了指，说："在西阁。"于是，便跟着宫妃们前去抓捕炀帝。炀帝被抓，不解道："我们不是老朋友吗？究竟什么仇恨让你背叛我？"裴虔通回道："臣不敢谋反，只是见将士思念故乡，所以请陛下回京罢了。"

到了第二日清晨，一切尘埃落定。众人将炀帝押到寝殿审判。炀帝感叹道："我有何罪过，要至此呢？"其实，炀帝早知会难逃一死，所以让侍从随身备着毒药。他对众人言道："天子自有天子的死法，何须劳烦那锋刃，拿毒酒来！"可此时，左右侍从早已逃遁。司马德戡等人不愿再耗费时间，便让令狐行达缢杀了炀帝。萧后与宫人拆下漆床板为棺，将炀帝埋在了西苑的流珠堂。之后，右御卫将军陈棱将炀帝改葬于吴公台下。

其实，当司马德戡意图造反作乱时，江阳县长张惠绍就曾连夜前来汇报此事。裴蕴、惠绍便想假传圣旨，先调动郭下的兵民，由荣公来护儿指挥，追捕逆党宇文化及等人；再调动羽林军殿后，让范富娄等人从西苑进来，由梁公萧钜和燕王指挥，守住宫门，以救援炀帝。众人商议完毕后，上报虞世基。但虞世基却认为此消息不实，制止了该计划。不久，大难发生了。裴蕴感叹说："原想与你这个博学之士谋划，你却误了大事！"

不管如何言说，炀帝之死终究是应了那句"自作孽，不可活"。从修建行宫到开凿大运河，从造龙舟巡幸江都到远征高句丽……他一刻也不停歇，甚至是同时进行，每一次的折腾都是劳民伤财。这种急功近利的行为，远远超过了民众的承载范围，怎能不激起民众反抗呢？

唐前期：威震四方 万邦来朝

太原起兵

大业十二年（616），隋炀帝南巡之时，任命右骁卫将军唐国公李渊为太原留守，虎贲郎将王威、虎牙郎将高君雅为副留守。

此时，天下各地反隋起义此起彼伏，而炀帝却还在江都巡幸。李渊之子李世民深知隋灭亡已是必然。于是，他秘密结交豪杰，广纳天下义士，与晋阳令刘文静共谋大事。当时，晋阳令刘文静因与李密的姻亲关系，连坐入狱。李世民前来探监，刘文静说："天下大乱，如果没有汉高祖、汉光祖的才能，是不能够平定这乱世的。"李世民说："谁说没有的，只是人们不识而已。我来这里探监，就是为了与你共商大事的。"刘文静说："而今，炀帝南巡江淮，李密围困东都，各地起义又接连不断。这正是取得天下的好时机，我在晋阳为官数年，广交豪杰，可聚众十万人，而尊公本身就有数万兵力。可以乘虚入关，号令天下，不过半年，帝业成矣。"李世民笑道："君的这番话正合我意。"便开始私自部署起义之事。

李世民一直担心父亲李渊不答应，犹豫很久，都不敢明说。只与晋阳宫副监裴寂私下谋划此事。裴寂邀李渊饮酒，并用晋阳宫的宫人前来侍奉，酒过三巡才告知李渊。李渊大惊，因为行宫里的女子都是皇帝的人，私自使用这些侍女是要被当场诛杀的。李渊只好问裴寂，该如何是好，裴寂说："那只能造反了，二郎李世民已经安排妥当一切，因担心您不同意，才出此下策。"李渊无奈，只好说："既然我儿确有此心，而且拿定了主意，那就听他的吧。"

后来，突厥举兵侵扰马邑，李渊派兵抵御失败，十分担心会因此获罪。适时，李世民又重提起义一事，李渊大惊，欲取纸笔，将李世民送入府衙。李世民说："这是天下百姓人心所向，所以我才敢言说。若父亲执意举报，死又何惧。"李渊说："我哪里忍心告你呢，就是希望你不要乱说话。"

在李世民不厌其烦地劝说下，最终，李渊叹气道："好吧！今后是家破人亡也由你，是化家为国也由你！"

之后，李渊让刘文静假传炀帝旨意，征发太原、西河、雁门、马邑等地，年纪二十以上、五十以下的民众为兵，汇集于涿郡，准备再攻高句丽。又以刘武周占据汾阳宫为由，下令李世民与刘文静、长孙顺德、刘弘基等各自招募兵马，十天间便召集近万人，又秘密派人从河东召回李建成、李元吉，从长安召回柴绍。这些举措，一方面汇聚了天下兵力，另一方面也给灭隋增加了一把柴火。

这时，王威、高君雅见李渊大军集结，怀疑他有谋反之意，准备上奏炀帝。于是李渊便使人诬告王威、高君雅二人意欲引突厥入境，趁机杀死了二人。义宁元年（617）七月，李渊正式在太原举兵起义。

之后，李渊采纳刘文静的建议，与突厥的始毕可汗达成协议，避免了北方的突厥对长安的威胁。又作书于李密，佯言要拥戴他为主，放松了李密对陇西李氏的注意力，转而一心去攻打东都洛阳。

控制长安后的他，也没有立即称帝，而是立杨侑为帝，定年号为义宁。一直到公元618年，宇文化及在江都缢杀了隋炀帝后，同年五月，李渊宣布称帝，改国号为唐，年号为武德，定都长安。

娘子军

李氏是李渊之女，柴绍之妻，后被封为平阳公主。

义宁元年（617），李渊召远在长安的女婿柴绍，赴太原共商大事。为了避人耳目，柴绍打算只身前往。他对妻子李氏说："你的父亲打算举兵起义，我现在要马上动身前去，但又不能带你一同前往，留你一人于长安，又担心你身陷危险之地，该怎么办呢？"李氏回道："你安心去吧，我一介妇人是很容易藏匿的。"于是，柴绍便安心从捷径赶赴太原。

李氏送别丈夫后，回到鄠县别墅，散尽全部家当，招募了一群义士。恰好父亲的堂弟李神通从长安来到鄠县山中，与长安大侠史万宝等一同起兵，以响应父亲。期间，李氏也四处招纳了一批义士，共同抗隋。她派家奴马三宝劝服何潘仁等人与李神通合力攻下了鄠县。

一时间，李氏麾下大军实力大增，连续攻占了武功、始平等地。不久，李渊率领大军渡过济河，李神通、李氏等人纷纷派使者前去迎接。李渊一方面加封了各路起义首领，另一方面也派柴绍带领数百骑兵去南山迎接李氏。之后，李氏带领着万余人的精兵，与李世民在渭北会面。柴绍与李氏夫妻二人各领一军，而李氏所率部队，便被称为"娘子军"。

武德六年（623），李氏去世。高祖李渊为她举行了盛大的葬礼。在正常的公主葬礼规格上，还添加了羽葆、鼓吹、虎贲、甲卒、班剑等士兵作仪仗，以褒奖她对李唐起兵的功劳。

平阳公主是中国封建史上唯一一个由军队为她举殡的女子。当时，礼官奏言道："女子的葬礼自古都是没有鼓吹的。"高祖反驳道："鼓吹，军乐也。平阳公主每每亲临战场，身先士卒，擂鼓鸣金，参谋军务，从古到今何尝有过这样的女子？以军礼葬公主，有何不妥？"此外，高祖还以"明德有功曰'昭'"的说法，追加平阳公主谥号为"昭"。

唐前期：威震四方 万邦来朝 ▶▷

玄武门之变

从太原起义到一统天下，李世民可谓是战功显赫，无人能敌，其中有四次重大的战役，都是在李世民指挥下大获全胜的。此外，李世民的身边又有诸多有勇有谋之人相助，如房玄龄、秦叔宝等。与之相比，太子李建成则逊色不少。仅仅是因为李渊依照嫡长子继承制，他才被立为皇位的继承者，其实也很难让众人心服口服。后李世民被封为秦王，并特加封为"天策上将"，位列群臣之上。这更使李建成忐忑不安，生怕自己的储君之位不保，兄弟二人的关系势同水火。

武德七年（624），庆州都督杨文干谋反，牵连到太子李建成。于是，李渊召秦王世民商议，承诺若平乱成功，就立李世民为太子。可最终，在李元吉和一众妃嫔的请求下，李渊打消了易储的念头。

某日，李建成夜宴李世民，意欲毒杀李世民。当李世民喝完酒后，突然一阵心绞痛，随即吐血数升。幸好淮安王李神通在场，将李世民扶回秦王府，才保全一命。随后，李渊前来慰问，告诫了李建成几句："秦王不善饮酒，今后就不要邀你弟弟饮酒了。"同时对李世民说："我本想立你为储君，但你一再推辞。而建成为长子，也为储君多时，我也不忍心废了他。我知道你兄弟二人之间有嫌隙，同在长安，必然会引发不断的纷争。因此，决定让你去洛阳，你可用天子的旗号统治洛阳以东的地区。"李世民哭着表示，不愿远离父母膝下，无奈李渊态度坚决。

在李世民将赴洛阳之际，事情又出现了转机。李建成和李元吉担心李世民到了洛阳后，坐拥土地兵马，将不易对付，不如留在长安，便于控制。于是，二人一起劝阻李渊，李渊遂改变了心意。

不久，李建成、李元吉谋同后宫，让她们整天向李渊吹枕边风，诉说李世民的过错，并怂恿李渊杀掉李世民。李渊回答说："秦王平定天下，功高至伟，能以何名目杀之呢？"

适时，突厥屯兵，围困乌城。太子李建成举荐齐王李元吉率兵北征。李元吉请求尉迟敬德、程知节、段志玄及秦府右三统军秦叔宝等一同前行。恰巧太白金星划过天际。傅奕密奏："太白见秦分，秦王当有天下。"李渊将所奏拿给李世民看，李世民立即上奏，说建成、元吉淫乱后宫。李渊愕然，立即召见二人。而此时，李世民早已部署好兵马在玄武门中埋伏。建成、元吉到临湖殿后，感觉有异，准备掉头返回东宫和王府，但为时已晚。二人双双中了埋伏，被李世民的兵马团团围住。

李元吉想要张弓射杀李世民，可三箭都因未拉满弓而未射中。随后，李世民射杀了李建成。随后，尉迟敬德带着七十骑兵赶来，将李元吉射于马下。等东宫与齐王府兵前来援救时，尉迟敬德手持着李建成和李元吉的头颅，援救大军军心大乱，溃不成军。

此时，李渊正在泛舟游湖。突然看见身着铠甲、手持兵器的尉迟敬德，大吃一惊，问道："今天有犯上作乱的人吗？卿来此是为何？"尉迟敬德回答道："太子、齐王作乱，秦王举兵平乱。怕惊扰陛下，故让我前来护驾。"

之后，李渊问裴寂等："如今事情已到此地步，该怎么办呢？"

萧瑀、陈叔达一同说道："建成、元吉原本就无勇无谋，且又无功于天下，他们嫉妒秦王，企图谋害。如今，秦王已经诛杀此二人。秦王功盖宇宙，天下归心，希望陛下能够立为太子，并委之国务，则天下苍生必定十分欢喜。"

李渊说："这也是我的心愿。"

随后，李渊召见李世民。父子相见，李世民跪在地上，李渊抚摸着李世民，说："最近，我经常被这些毫无依据的谣言所迷惑。"李世民早已是泣不成声。

至此，武德九年（626），李世民登上了太子之位。同年，李渊退位为太上皇，李世民即位，改年号为贞观。

太宗便桥退敌

武德九年（626）八月，玄武门之变后，突厥见唐朝国内动乱，便借机大举向其边境进犯，先后侵占泾州、武功、高陵等地。朝野震惊，整个京师处于戒严之中。

虽然当时尉迟敬德率军极力抵抗，大破突厥军于泾阳，但颉利可汗仍旧率众到达了渭水便桥之北。而此时，李世民初登帝位，朝野上下尚且不稳。

屯兵便桥之北后，颉利可汗便派出心腹执失思力到长安暗中察看，并声称"百万将兵，即将就位"，想以此震慑李世民。听了执失思力的话后，李世民勃然大怒，痛斥道："我与你们可汗曾当面缔结盟约，为什么不讲诚信？尔等虽是戎狄，也应该长着人心吧？再若自夸强大，我现在就杀了你！"于是，将此人关押在门下省。

战事一触即发，李世民与高士廉、房玄龄等人，随即上马，出玄武门，来到了渭水边，与颉利可汗隔水相谈。李世民先是痛斥颉利的不守盟约。突厥军队看到大唐皇帝轻骑前来，大吃一惊，纷纷下马叩拜。不一会儿，唐军大部队也接踵而至。颉利见执失思力迟迟未返，而唐军声势浩大，且李世民轻骑上阵，顿时颜露惧色，感到一阵恐慌。

李世民挥手示意大军退后，继续单独下马与颉利说话。大臣萧瑀担心太宗安全，便极力谏言阻止。李世民说："这是我深思熟虑的决定。突厥之所以胆敢倾国来犯，直抵郊甸，无非是因为我们内乱，加上朕新帝继位，认为我朝无力反抗。因此，此时若闭门拒守，显露畏惧，突厥军必定会大肆侵略，难以制止。故而，朕轻骑独出，以表轻视不屑，再展示我军军容，以表示此战必战。突厥军孤军深入，一定会有害怕之心。由此，一定会不战而胜的。"

随后，也正如李世民所预想的那样，颉利请求言和，双方重新签订了和平盟约。突厥引兵退去。

在突厥撤退之时，有大臣主张乘机追击，李世民没有采纳。他说："其实我早已在突厥的后退之路上部署了伏兵，此时追击，消灭他们必定是易如反掌的。但是我初登帝位，现在国家尚不安定，百姓尚不富裕，还是休养生息为好。一旦开战，双方死伤都是在所难免的。再者，一旦结了仇怨，再想修复关系，亦是枉然。所以，给他金银财宝，既得所得，也就理应退兵了。突厥军内部军纪涣散，君臣之间关系微妙，又四处武力威胁掠夺，多是一群乌合之众，待到他们无法维持时，再举兵反攻，岂不是必胜无疑。"

贞观四年（630），颉利可汗被唐军所俘。随后，四夷君长便联合上奏，尊太宗为天可汗。太宗问道："我已是大唐天子了，还能做天可汗吗？"群臣及四夷来朝见的使者皆跪拜，称万岁。

一代贤后长孙氏

长孙皇后，隋右骁卫将军长孙晟之女，与太宗李世民少年结发，相互扶持。太宗即位，便立其为皇后。

长孙皇后生性勤俭节约，恪守礼法。在宫中，太宗常欲与她商讨赏罚之事。长孙皇后总是推脱道："牝鸡之晨，惟家之索。嫔妾乃是女人，怎敢干涉朝堂政事。"

当时，皇后的哥哥长孙无忌与太宗乃布衣之交，深得太宗信任，太宗有意任命他为宰相。长孙皇后极力反对，每每趁着空隙，上奏言道："嫔妾现在已是后宫之主，是十分尊贵了，实在是不想嫔妾的家人也位居朝廷高位。汉朝的吕后、霍光就是很好的教训，请皇上不要任命我的兄长为宰相。"

长乐公主为长孙皇后所出，太宗宠爱有加。在她要出阁之时，所准备的嫁妆规格甚至高于长公主。魏征知道后，便上奏此举不妥。太宗把魏征的话告诉了皇后，皇后感叹道："我常听说陛下信任魏征，然而不知道为何。今听闻他的谏言，果真是一位敢于直谏的刚正不阿之人。我与陛下虽是结发夫妻，彼此情深义重，但依然会察言观色，不敢触犯君威，更何况那些身为臣子的谏官呢？他们的直谏是难能可贵的。忠言总是逆耳的，若陛下以后处理朝政能多听这些人的谏言，则是天下之大幸啊。"

某次，唐太宗罢朝后，怒气冲冲地说："总有一天，我会杀掉这个田舍翁。"皇后见状，问道："是谁惹陛下生如此大的气？"太宗说："魏征在朝上当众侮辱我。"皇后听后，退下换上朝服后，恭敬地立于庭间，向太宗行礼祝贺。太宗很是惊讶，问所贺为何。皇后说："臣妾听说明君才有臣直，今魏征敢直言上谏，是陛下之明的原因啊，臣妾怎敢不贺？"太宗听后，甚是喜悦。

太子承乾乳母遂安夫人常常对皇后说："东宫的器皿用度十分缺少，想要增添一些，以彰显太子的尊贵。"皇后不悦，训斥道："作为太子，最应该忧虑的是德行，怎能费时间去计较这些器物呢？"

公元634年，长孙皇后随驾九成宫，突患疾病。太子承乾入侍，遍访名医问诊，长孙皇后依然不见好转。于是，太子便希望借助于积善行德之法，"请奏赦囚徒，并度人入道"，以此寻求神灵庇佑。

长孙皇后听说后，坚决反对。她说："生死有命，这不是人力所能控制的。若修福可延，吾素非为恶。若行善无效，何福可求？恩赦囚徒是国家大事，怎么能因为我一个女人而使天下法度混乱呢？"太子承乾不敢将此事奏请父皇李世民，便告诉了左仆射房玄龄。房玄龄转奏太宗，太宗与侍臣都被皇后的言行感动到哽咽。

公元636年，一代贤后长孙氏于立政殿薨逝，时年三十六岁。并于十一月安葬于昭陵。皇后驾崩后，宫女们将长孙皇后编写的《女则》一书，上奏皇帝，唐太宗看后，了解了皇后长久以来的用心，对近臣说："皇后此书，足可垂于后代。"遂下令印刷发行。太宗为了思念皇后，在后苑中设立了一个观望台，用以瞭望昭陵。

忠谏之臣魏征

魏征，字玄成。从小就好读书，涉猎广泛。彼时天下大乱，故魏征尤爱纵横学说。他原本是李建成的幕僚，官为太子洗马，李建成对他更是礼遇有加。

当时，魏征见李世民战功赫赫，势力日益大增。于是，他劝说李建成先下手为强，及早铲除李世民。可李建成有所顾忌，一直犹豫不决。最终，李世民先发制人，发动玄武门之变，斩杀了李建成和李元吉。

政变之后，李世民召见魏征，质问道："你为什么要离间我们兄弟？"魏征镇定自若地说："太子若当时采纳了我的谏言，怎会有今日之祸。"李世民听后，并没有责备，反而以礼相待，引荐他为詹事主簿，后又升为谏议大夫。

李世民即位后，便多次召魏征于内室，共议国事。魏征本就生性耿直，不轻易改变自己的言论，且深怀治国谋略，因此深受太宗信任。魏征对这么一位赏识自己的君主很是感恩，便竭尽全力辅佐太宗，唐太宗曾如此评价魏征："你所上奏的建议，前前后后共二百余件。如果你不忠心爱国，怎会做到如此。"于是，升迁他为尚书左丞。

当时，有人传魏征结党营私。太宗命御史大夫温彦博查证此事，以证其清白。果然，此事乃无稽之谈。太宗遂告诫魏征道："以后要注意言行举止，以防惹祸上身。"魏征说："我听说，君臣应该同心同德。若为避嫌而不秉公办事，那么国家是兴是亡就不好说了。"接着，魏征趁机又说："愿陛下成全魏征，做良臣不做忠臣。"太宗很是不解，问道："忠臣与良臣，有什么区别吗？"魏征答道："良臣能让自己获得美名，能让君主获得明君的称号，也能让后世子孙福禄延绵。而忠诚之人在给自身招致杀戮的同时，君主背上了恶名，家国都深陷囹圄。如此看来，二者之间可谓天壤之别。"

贞观十二年（638），恰逢皇孙出生，太宗在东宫宴请五品以上官员。期间，太宗将佩刀赐予魏征，问道："朕这些年的政事与往年相比，如何？"魏征答："威德所加，比贞观初年相差甚远，人心所向也是今不如昔。"唐太宗说："为什么？"魏征说："贞观初年，陛下唯恐听不到谏言，常常引导大臣们上谏，听取建议时也是很喜悦的。现在虽也听取意见，但总是很勉强，脸上总是有难色，当然比不上之前。"太宗感慨道："人真是难有自知之明啊！"

魏征敢谏在当时是出了名的，甚至于在李世民大怒时，魏征依然能面不改色地犯颜直谏。因此，也就有了太宗畏惧魏征的言论。据说，魏征回乡扫墓时，听闻太宗欲临幸南山。回朝后魏征询问起太宗驾临南山一事，太宗笑着回道："原先是有此打算，但是害怕你嗔怪，故而就放弃了。"

又有一次，太宗得到了一只鹞鹰，很是喜欢，将它放在肩膀上玩耍。不巧，魏征前来禀告朝堂大事。太宗只得将鹞鹰藏于怀里。但魏征说了许久，太宗也不敢将鹞鹰释放出来，最终鹞鹰被闷死在了太宗怀里。

贞观十七年（643），魏征去世。太宗在禁苑西楼，望着魏征的灵柩，痛哭流涕。不仅为魏征亲撰了碑文，还常对侍臣言道："以铜为镜，可以正衣冠；以古为镜，可以知兴替；以人为镜，可以明得失。朕常保此三镜，以避免自己出现过错。如今魏征走了，朕失去了一面镜子啊！"

太宗吞蝗毁巢

贞观二年（628），京畿内突然出现了大量的蝗虫。此时，在皇家宫苑里，看着这漫天飞舞的蝗虫，太宗满脸愁容。随手捉了几只，置于掌中，不禁喃喃自语道："百姓们视谷物为命，而你却以之为食。我宁愿让你吃我的肺肠，也不愿让天下百姓忍饥挨饿啊。"

说着，只见太宗抬起手，欲将手中的蝗虫放入嘴中，吞咽下肚。随行侍从见状，连忙阻止道："陛下，这些蝗虫都是恶物啊，若擅自食之，恐会致病啊。"太宗回道："朕为天下百姓承受这灾害，又怎么会害怕逃避疾病呢？"于是，毅然决然地吞了手上的蝗虫。说也奇怪，这一年虽然有蝗虫，但全国并没有发生什么重大的灾害。

同年，在皇宫寝殿的槐树上，突然飞来了一只白鹊，并在此处搭建起了巢穴。随后，又有合欢花开得大如腰鼓。种种异常的景象，惹得众人议论纷纷。

群臣们都认为这乃是祥瑞之兆，于是纷纷上书，祝贺太宗。太宗对奏章中的祥瑞一事，并不深信。他言道："尧、舜时期国富人强，但并没有什么祥瑞传闻。而桀、纣时期百姓愁怨，却多听闻祥瑞之事。那些所谓的祥瑞，不过是因为罕见，而变得与众不同，才会被人牵强附会，四处宣扬。我曾嘲笑隋炀帝爱信这些祥瑞之事，结果还是国破身亡。若说真的有祥瑞，那就是拥有贤才。得贤者，得天下；得贤者，国家昌盛。这才是祥瑞之兆。至于那些白鹊、合欢之类，又有何值得祝贺的！"于是，太宗便命人毁了白鹊的巢，随即巢落鸟飞，人们也明白了并没有什么神灵佑护。

姚思廉修史

姚思廉，字简之，父亲姚察在陈、隋二朝都位居高官。由于父亲精通文史，受其影响，姚思廉年少时便博览历史著作，继承了家传史学。

他的一生虽历经陈、隋、唐三朝，但忠烈品质却始终如一。隋末，姚思廉担任代王杨侑的侍读。适逢义军攻克京城，杨侑的府僚都吓得四处逃窜，唯独姚思廉临危不惧，仍侍奉代王左右。

义兵攻打进来准备上殿时，姚思廉挺身而出，厉声呵斥道说："唐公起义兵，本来是为了匡正隋朝的王室，你们不得对代王无礼！"在场士兵见他如此大义，无不为之折服。唐高祖李渊听说这事后，认为姚思廉的行为合乎义理，允许他扶代王到顺阳阁下，姚思廉拜泣而去。看见此情此景的人无不感叹道："真是一位名副其实的忠烈之士啊！"

李渊建立唐朝后，任命姚思廉为秦王府文学官。太宗曾谈及隋朝灭亡之事，称赞姚思廉道："你誓死捍卫君主，乃是一种大节，这是十分可贵的。"不久，便提升姚思廉为文学馆学士。贞观初年，姚思廉又被擢升为著作郎、弘文馆学士。太宗甚至还将他画入了《十八学士图》中，其赞语写道："志苦精励，纪言实录。临危殉义，余风励俗。"

姚思廉对我国的史学研究也可谓是贡献巨大，最为著名的当属完成《梁书》《陈书》的撰写。事实上，他的父亲在陈国时期就曾编撰梁、陈二史，但还未完成便去世了。临终前，他嘱咐儿子姚思廉务必完成对梁、陈二史的编纂。

隋炀帝时期，姚思廉上书，陈述其父遗言，炀帝准许他继承父志，续撰梁史、陈史。贞观三年（629），姚思廉受诏与秘书监魏征一起撰写梁、陈二史。他在谢炅等人的梁史著述成果的基础上，参考顾野王等人所修的旧史，删削补充，撰成《梁书》五十卷，《陈书》三十卷。魏征虽然裁决写定《梁书》《陈书》的总论，但这二书编次删削皆是姚思廉的功劳。

贞观十一年（637），姚思廉去世。太宗为了悼念他，停朝一天。不仅赠他太常卿的封号，还赐陪葬于昭陵。

玄奘西行取经

僧人玄奘，本姓陈。于隋大业十四年（618）出家为僧，博览佛学典籍。经过多年的潜心研究，他发现当时很多的佛经汉译本中都存在明显错误。为了解决这一问题，玄奘萌发了到西域求取佛经原著，以校正这些汉译版本的念头。

贞观初年，玄奘跟随商人的队伍，踏上了前往西域的道路。玄奘西行，在西域游历了十七年，遍访了一百多个国家。为了更好地了解各地的风风土人情，玄奘每到一个地方，必会先学习当地的语言，诸国语言皆无师自通。每到一处，他都会在此地亲授佛经教义，为民众答疑解惑，百姓无不感念他的恩德。

我国四大名著之一的《西游记》，就是明人吴承恩以玄奘取经这一故事为底本所进行的艺术创作。小说中，唐三藏师徒四人历经"九九八一难"，一路斩妖伏魔，最终取得真经。这虽然是虚构的，但从侧面也道出了历史上玄奘西行取经的不易。

贞观十九年（645），玄奘回到了长安。太宗亲自接见了玄奘，不仅和他畅谈经历和佛法典籍，还命人将他所带回的六百五十七部梵文佛经译成汉语，在长安弘福寺讲授。同时还让房玄龄、许敬宗等人广征天下佛法精湛的僧人近五十人，帮助玄奘一起整理考校这些佛经。

西行而归的玄奘，除了受到太宗的隆重欢迎，京城中上至达官贵人，下至寻常百姓，皆争相前来拜见。为了能潜心翻译所带回的佛法典籍，玄奘向太宗提出了移居宜君山玉华宫之请。在整理佛经、讲授佛法的同时，玄奘还将西行一路上所收集的地理风俗等故事，撰写成了十二卷的《大唐西域记》。

高宗麟德元年（664），玄奘病逝，被葬于白鹿原。据传，当时前来送葬的人达数万人。

太宗封禅之议

贞观五年（631），朝集使上书太宗，表示如今四海已定，请求太宗至泰山行封禅大礼，被太宗驳回。贞观六年（632）春，文武官又再一次请封禅。太宗说："诸位爱卿固然认为封禅乃是帝王盛事，但朕却不这么认为。若天下安定，百姓富足，即使不封禅，又有什么损伤呢？昔日秦始皇封禅，而汉文帝不封禅，后世也从未说过文帝之贤不及始皇啊！再者，若要祭天，扫地而祭就足够了，又何必非要去登那泰山之巅，封数尺之土，才能表示人的诚意呢？"

但随着上书请求的大臣增多，慢慢地，太宗也改变了心意，意欲采纳群臣意见，前往泰山封禅。

但众臣中，唯有一人极力阻止——此人正是魏征。

对于魏征的反对，太宗不解，问道："爱卿不想朕封禅，是因为朕的功业不高吗？"魏征回答："不，陛下功业很高。"

"那是因为朕的德望不厚吗？"魏征答道："不，很厚。"

"那是因为四海不安定吗？"魏征答道："不，很安定。"

"那是因为四夷未归服吗？"魏征答道："不，都已归服。"

"那是因为年年谷物未丰收吗？"魏征答道："不，都丰收。"

"那是因为符瑞未至吗？"魏征答道："不，已至。"

一连串的疑问，皆得到了魏征的肯定答复。太宗更疑惑了，问道："那为什么不能够封禅呢？"

魏征语重心长地答道:"陛下虽然这六点都已具备,但自隋末天下大乱以来,天下户籍尚未修复完毕,国家的粮食储备也尚空虚。而今若大张旗鼓,摆驾东巡,期间的各种花费是不可计数的。此外,若陛下决定封禅,那必定是万国云集,远夷君长都会前来道贺。如果赏赐不丰厚,必定会让这些远道而来的客人失望。即使陛下体恤百姓,免除了各种赋税,也是无法抵偿封禅此等盛会所需的花费的。因此,在臣看来,崇尚这些虚名带来的都是实实在在的损害。望陛下三思而后行。"太宗听闻后,深以为然。

恰逢此时,河南、河北数州发生水灾,封禅一事遂就此搁置了。

"房谋杜断"

房乔，字玄龄。杜如晦，字克明。二人是唐朝时期公认的"贤相"。"房谋杜断"更是历史上的一段佳话。

当时，唐高祖李渊封李世民为"天策上将"，允许他建天策府，广纳贤士。李世民便设置了"文学馆"，邀房玄龄、杜如晦等十八人至馆中讨论文籍。同时，还令画家阎立本为这十八人画像，令文学馆学士褚亮为他们写赞语，称号"十八学士"。就连当时的太子李建成都曾说过："秦王府中，让我最为忌惮的就是杜如晦与房玄龄二人。"

贞观三年（629）二月，太宗任命房玄龄为左仆射，杜如晦为右仆射，共同参与朝政大事。朝廷中，宫廷楼阁的规格和礼法规章等，都由他二人亲自制定，这些制定好的礼法也为贞观之治奠定了基础。

每次，太宗与房玄龄谋划大事时，房玄龄总是会说："非如晦不能决断。"等杜如晦到时，原本二人犹豫不决的事，便立即有了结论。虽然依旧采用的是房玄龄的谋划，但也离不开杜如晦最后的审度。

房、杜二人私下的关系也十分亲密。在李世民还是秦王之时，房玄龄就曾力荐杜如晦："杜如晦博学强识，是难得的人才。假如秦王想要得此天下，绝对是少不了这个人的辅佐的。"正是由于房玄龄的引荐，杜如晦才受到李世民的重视。二人相互配合，齐心协力，共同辅佐太宗。

当时，世人皆言"玄龄善谋，如晦能断"。而在唐朝，每每谈及贤相时，人们首推的就是房、杜二人。

贞观四年（630），杜如晦在家中病危，太宗不仅派太子前来探望，还亲自到府慰问。杜如晦去世后，太宗每次得到佳物，都会想到杜如晦。久而久之，每当谈到杜如晦，都会痛哭流涕。

贞观十六年（642），房玄龄意欲辞官隐退。太宗劝阻道："你不能走啊，一个国家失去良相，就如同一个人失去双手。"于是，房玄龄便继续在朝任职，辅佐太宗。但不久，房玄龄旧疾复发，太宗准许他卧床参与朝政，不仅派名医救治，而且每日为他提供御膳，甚至还派人用轿子抬他上殿。若听闻他的病情好转，太宗便会高兴不已；若听闻病情加剧，太宗便会满面忧伤。

房玄龄和杜如晦共同成为贞观一朝的良相典范，并且共同名列唐太宗设置的凌烟阁二十四功臣之中，为后世传为一段佳话。

忠贞之将尉迟恭

尉迟敬德，名为恭。太宗曾设立凌烟阁纪念有功之臣，尉迟敬德就是其中一位，位列第七。

武德三年（620），李世民率领五百骑兵巡视战地，到了魏宣武陵时，被王世充率领的近万余兵马围困。当时，单雄信以长矛直刺向李世民。在这紧急关头，敬德跃马大呼一声，持鞭而出，将单雄信刺下马去。

而王世充的兵马受此威慑，都不自觉地往后退去，敬德趁机带着李世民逃出重围。随后，李世民与敬德又重新带领部队杀了回来。敬德在王世充的军阵中，横冲直撞，无人能伤他分毫。等到屈突通带领大部队到来时，王世充已经兵败逃亡。

事后，李世民对敬德说："之前，有人说你会背叛于我，而我没有听信他们的谣言，没想到这么快就得到了善报！"之后，便更加信任尉迟敬德。玄武门之变中，李世民在追击李元吉时，不慎被射中落马，幸亏敬德及时到来，从马上跃下，大叱一声，射杀了李元吉，太宗才化险为夷。

唐一统天下后，北部突厥一直是心腹大患。尉迟敬德在北击突厥中发挥了很重要的作用。武德六年（623），突厥入侵原、朔二州。守城将军李高迁率兵抵御，行军总管尉迟敬德奉命增援。

武德七年（624），突厥入侵陇州，朝廷又再次派遣时任护军的尉迟敬德率兵抗击。贞观元年（627），尉迟敬德被任命为右武候大将军，赐予吴国公的爵位。恰逢突厥再入境侵扰。至泾阳，敬德以轻骑与之对战，斩杀敌军将领,突厥遂败。

但尉迟敬德生性率直,自负有功,每次见到长孙无忌、房玄龄、杜如晦等人,必定会言论一番。他时常口无遮拦,也导致他与这些同僚的关系十分紧张。

为防止他们再起冲突,太宗将他从京师调走,去地方担任官员。贞观十三年(639)二月,太宗任命尉迟敬德为鄜州都督。太宗对敬德说:"有人上奏,说爱卿要造反,是吗?"尉迟敬德说:"臣确实谋反!臣跟随陛下征伐四方,身经百战,今之存者,皆锋镝之余也。现在天下稳定,所以更怀疑臣谋反吗?"一边说,一边解开自己的衣服,露出满身的刀剑伤痕。太宗看后,不禁泪流满面,说:"爱卿快快穿好衣服,朕就是不疑爱卿,才会和爱卿说此事,怎么还生如此大的气呢!"

尉迟敬德的这种忠贞,除了对帝王外,还表现在对结发妻子上。一次,太宗对敬德说:"朕想要将爱女许你为妻,爱卿觉得怎么样?"敬德叩头谢恩,回答道:"臣的妻子虽然长相丑陋,但我二人一起同甘苦共患难,经历过很多,实属不易。臣虽然学识不多,但也知道,古人所言的富不易妻的道理。因此,再娶妻并不是臣心中所愿。"太宗于是不再强求。

高宗显庆三年(658),尉迟敬德去世,享年七十四。高宗为此停朝三日,来哀悼这位立下赫赫战功的名将。

长孙无忌：君臣情深

长孙无忌，字辅机。太宗的长孙皇后就是他的妹妹。

贞观元年（627），被任命为吏部尚书。在太宗眼中，长孙无忌不仅是皇后的哥哥，而且还是辅佐自己称帝的头等功臣，因此对他礼遇有加。不仅加封齐国公、尚书右仆射等职位，而且还允许他出入自己的寝殿。

曾有人向太宗谏言，称长孙无忌权宠过盛，对江山社稷不利。太宗把奏章拿给长孙无忌，说道："你我二人虽为君臣，但彼此间没有什么可猜疑的。如果我们把听来的话放在心中不说，就会造成误会，使我们之间不能很好地沟通。"之后，太宗又召集群臣，说："我的儿子们尚且年幼，无忌为了我，可谓是鞠躬尽瘁，我对他的信任就如同我信任我的孩子们一样。那些想要离间这种亲密关系的言论，我是不会采纳的。"

面对太宗的如此礼遇，长孙无忌也是十分克制。他以"月圆则缺，水满则溢"为例，恳请太宗准其辞去宰相之职。

太宗还曾写下《威凤赋》，赠于长孙无忌，感念他对国家的贡献。贞观十七年（643），太宗又命人为长孙无忌等二十四人绘制肖像，陈列于凌烟阁中。甚至太宗在临终之际，还念念不忘长孙无忌。

当时，太宗身边有三人陪侍在旁，分别为长孙无忌、太子李治和褚遂良。太宗病危，弥留之际，对褚遂良和长孙无忌说："太子仁义孝敬，但年龄尚幼，望你们以后多多辅佐教导！"又对太子李治说："有无忌、遂良在，你可以稳坐大唐江山！"最后又对褚遂良千叮咛万嘱咐道："无忌对我忠心耿耿，他对我的大唐江山居功至伟。我死后，千万不能因为小人的谗言，挑拨了关系而伤害了他。"

太子李治即位，是为高宗。他任命长孙无忌为太尉，兼任扬州都督，主持尚书、门下二省事务。当时，李治对长孙无忌的建议，无不优先采纳。直至永徽六年（655），李治对长孙无忌的态度发生了转变。当时，李治欲立武昭仪为皇后，遭到以长孙无忌为首的朝中老臣的强烈反对。

李治甚至还私下赏赐许多金银财宝给他，想让他回心转意，均遭到长孙无忌的严词拒绝。但终究，在立武昭仪为后这件事上，高宗没有像以往那样听取长孙无忌等人的劝谏。武后一直以为长孙无忌拿了重赏却不助自己，十分怨恨他，这也为他悲惨的晚年际遇埋下了伏笔。显庆四年（659），长孙无忌受冤，自缢而死。

药王孙思邈

孙思邈七岁时，便能识千字，背诵千字的文章。少年时，爱读先秦诸子百家学说，尤好老子、庄周之言。每与人讨论时，总能侃侃而谈。据《旧唐书》记载，当时西魏大臣独孤信曾赞其为"圣童"。他的一生历经三朝，每朝皇帝都想召其入京为官，他都坚决谢绝了。

他隐居于太白山之中，一边行医济世，一边研究医理。当时，很多文人雅士慕名前来拜见，均以师礼相待，卢照邻就是其中一位。当时卢照邻身染顽疾，无法医治，便前来请教孙思邈。孙思邈不仅精通医理，还有着渊博的历史知识，特别是对南北朝后期和隋朝的历史，更是通晓。贞观三年（629），太宗下令，命魏征、姚思廉等人编纂南北朝以来齐、梁、陈、周、隋等五代历史。在撰修这些历史的过程中，魏征等人恐有遗漏，曾多次访问和请教孙思邈，请他对前代史实提供建言。虽然那时的孙思邈早已白发苍苍，他却视听不衰，神采奕奕。在解答魏征等人的疑难时，口以传授，把南北朝各国的情况从总体到细节，说得清清楚楚，如同亲眼所见般，令人钦佩不已。

永淳元年（682），孙思邈去世。这位百岁老人在遗嘱上要求从简安葬，不需要任何陪葬和祭祀用品。死后一个多月，他的面容竟然没有多大变化。人们抬起遗体入棺时，轻得如同拿着一件衣服一样，人人无不为之惊讶。

他的著作《千金要方》《千金翼方》，合称《千金方》，在我国医学史上占据着重要的地位，是我国历史现存最早的医学类书籍。其中《千金要方》是唐以前医学的集大成之作，还首次提出妇幼独立设科这种医学理论。

征讨吐谷浑

唐初时期，吐谷浑可汗伏允曾派使节来朝进献。但朝见后，大军却未原路返回，转而在唐的鄯州之地抢掠了一番。太宗得知后，即刻命人召伏允入朝，但伏允称病拒绝朝见。其后，伏允多次侵犯边境，甚至软禁了大唐来使。太宗每每面见吐谷浑使者时，都曾亲自晓以祸福，希望其能改过自新，但这并没有打动伏允，他始终没有悔改之意。

于是，贞观八年（634）六月，太宗以段志玄、樊兴为统帅，率领边境之兵征讨吐谷浑。吐谷浑大军逃入沙漠，唐军遂未追击。

可不久，恢复元气的吐谷浑再次侵犯凉州。太宗怒不可遏，下诏讨伐吐谷浑。任命李靖为西海道行军大总管，总领各路兵马。侯君集、李道宗等人分领积石道、鄯善道等诸路总管，一同征讨吐谷浑。

贞观九年（635）四月，李道宗在库山大败吐谷浑军队。伏允烧光所有粮草，率轻骑逃入沙漠。沙漠之地，不仅昼夜温差极大，白天还是酷暑难耐，晚上便是霜雪漫天，而且极度缺水，士兵马匹只能靠着冰雪解渴。当时，唐众将皆认为如今粮草不足，不能孤军深入，唯独侯君集认为应该乘胜追击。他说："之前，段志玄率军征讨时，未能乘胜追击，导致吐谷浑死灰复燃。而今他们四处逃散，连瞭望的哨兵都撤了，正是一举歼灭吐谷浑的绝佳时刻。若此时不追击，日后必定后悔。"

李靖采纳了侯君集的建议，兵分两路，自己亲率北路大军，南路大军由侯君集与李道宗统率。李靖所率的北路大军，一路攻无不克，斩敌将无数，俘获大批牲畜。而侯君集与李道宗所率的南路大军行军较为波折，大军追击伏允，在无人区行进了两千余里，一无所获，后来才侦查到伏允已逃至突伦川。于是，契苾何力亲选一千多骁勇骑兵，作为先头部队，前往突伦川围剿，李靖大军紧随其后。

最终，唐军成功攻破伏允的牙帐，斩杀了数千名吐谷浑士兵，俘获了数十万的牲畜，伏允的妻儿皆被俘虏。

后来，吐谷浑见大势已去，便在新任可汗慕容顺的带领下，向唐朝投诚。慕容顺本是伏允的嫡生子，因隋炀帝时期被扣留在朝，故伏允另立了继承者。唐军大破吐谷浑后，吐谷浑的百姓认为正是因为权臣天柱王谏言侵扰唐边境，才招来了这灭国之祸，皆对其怨恨不已。于是，慕容顺顺应民心，杀掉了天柱王，被拥立为新可汗。

至此，吐谷浑被平定，正式成为唐朝的附属国。

文成公主入藏

吐蕃位于长安以西，两地相距约八千里，由于距离中原较远，鲜少与外沟通。贞观八年（634），吐蕃赞普弃宗弄赞（即松赞干布）派遣使者入朝进贡。弄赞二十岁即位，生性骁勇，英明而有谋略，邻国皆对其心悦诚服。当时，吐蕃国力渐强，吞并周围小国，疆域逐渐扩大。

太宗派出冯德遐率领使团前往抚慰。弃宗弄赞因听闻唐与突厥及吐谷浑之间都有"和亲"，于是，派使者跟随冯德遐入朝，请求迎娶公主，可当时太宗并未答应。使者返回后，对弄赞说："初到大唐时，对我礼遇有加，也同意了求婚之事。不过，吐谷浑王入朝后，故意挑拨，说我们的礼薄，所以又拒绝了。"

弄赞大怒，发兵进攻吐谷浑。吐谷浑兵力不支，败逃到青海以北之地。之后，吐蕃又发兵攻破党项及白兰诸羌，率兵二十多万驻扎在松州西部边境，进犯松州。太宗任命吏部尚书侯君集为当弥道行军大总管，统率步、骑兵五万人攻打吐蕃。唐军乘吐蕃军毫无防备时，大败吐蕃于松州城下，斩杀一千多人。弄赞只得率兵撤退，并派人到长安请罪，再一次请求通婚。

贞观十四年（640），赞普派出自己的宰相禄东赞，带着五千两黄金和数百珍玩，入朝请婚，太宗答应将文成公主远嫁西藏。当时，太宗颇为欣赏禄东赞，准备为其赐婚。禄东赞推辞道："我本在吐蕃就有妻子，再说我们大王还未迎娶大唐公主，我怎敢先娶呢？"

贞观十五年（641），文成公主奉命远嫁。太宗命令礼部尚书、江夏王李道宗主持婚礼，并亲自护送公主入藏。赞普十分欢喜，率其部队到柏海亲迎。见到李道宗后，立即以女婿之礼拜见，并对大国的华美服饰、礼仪等赞叹不已。

等到与公主回到吐蕃后，他对亲信说道："我的父祖都没有与上国通婚的，而今我娶了大唐公主，真的很幸运，我要为公主筑一城。"这就是后来著名的布达拉宫。

由于吐蕃人爱用红褐色涂面，公主不喜欢，赞普便下令禁止。赞普又派遣贵族子弟到长安入国学学习《诗》《书》。据说，文成公主入藏时，不仅带有释迦牟尼塑像、各类奇珍异宝等，还带入了农具良种、医疗器具、各类诗书礼乐，以及学者、乐师等。而今著名的大昭寺就是文成公主下令建造的。

隋唐：万邦来朝

侯君集灭高昌

　　高昌国位于今新疆吐鲁番市，是当时中原与西域诸国沟通的必经之地。贞观十三年（639），高昌王麴文泰频繁阻挠西域诸国来朝进贡。甚至在突厥被唐灭后，有意接纳突厥大量的流亡百姓，这些行径引起了太宗的不满。他曾对高昌来使说："高昌多年不来朝贡，还仿制大唐官制，甚至于养兵筑城，怂恿邻国对我大唐作战，这是意欲何为啊？"

　　在唐正式出兵征讨前，太宗还是很希望高昌王文泰能够悔过自新的。屡下诏书，对其动之以情，晓之以理，命他来朝觐见。谁知，文泰仍拒绝朝见。同年十二月，太宗任命侯君集为主帅，薛万均为副帅，率兵讨伐高昌国。

　　高昌王文泰听闻唐发兵来讨，还信誓旦旦劝慰臣僚们不必担忧。可当唐朝军队兵临碛口时，他顿时慌乱，不知如何应对，最后吓得发病而死。文泰死后，他的儿子智盛即可汗位。当时，文泰入葬，举国前来吊唁。唐的诸位将领均认为，此时偷袭必然会事半功倍。然而主帅侯君集说："我朝天子正是因为高昌国无礼，才命我等前来讨伐。如今我们却要在他们国丧期间偷袭，这不是正义之师所为啊。"偷袭一事就此搁置。

　　适时，侯君集兵临高昌城下。新任可汗智盛书信于侯君集，信中言道："我的父亲怠慢了大唐，而今他已死。我才刚刚登位，还请将军宽宥。"侯君集看后，回信道："若你真心悔过，就应该主动开城门投降。"可是，智盛始终未开城投降。

　　侯君集便下令以石攻城。一时间，空中石如雨下，齐刷刷地飞向城内。

城内人人自危，躲于屋内。之后，唐军又搭建起数十丈的巢车，与投石的士兵配合。士兵登车俯瞰，城内一览无余，以至飞石投掷皆可命中。最终，高昌军战败，智盛出城投降。

　　起先，文泰曾与西突厥可汗相约，若一方被袭，另一方定要前来救援。但是，看到侯君集大军浩浩荡荡兵临城下时，西突厥可汗心生恐惧，毁约而逃。贞观十四年（640），在侯君集的率领下，唐军灭了高昌国。之后，太宗将高昌改为西州，将可汗浮图城改为庭州，还设立了安西都护府，留下一定兵力镇守此地。

太宗远征高句丽

唐朝初年，唐与高句丽的关系一直都很友好。武德七年（624），高祖封高丽王高武为辽东郡王。一直到贞观十六年（642），唐与高句丽的关系才逐渐恶化。当时，高句丽的权臣泉盖苏文发动政变，刺杀了高丽王高武，掌握了朝政大权。

此事发生后，亳州刺史裴庄奏请太宗讨伐高句丽。太宗深思熟虑后，言道："高武在位时年年朝贡，而今被贼臣所杀，朕自是十分悲痛。若趁着丧乱而发动进攻，或许会成功。但而今山东民生凋敝，朕实在不忍心在此刻用兵啊。"

贞观十七年（643），太宗封其子嗣高藏为辽东郡王、高丽王。适时，新罗遭受百济和高句丽的联合入侵，前来向唐求援。太宗派使者前往高句丽，警告高句丽不要攻打新罗。

苏文拒绝接受，说："之前隋朝入侵时，新罗乘机抢夺了高句丽近五百里之地，这些城邑都被新罗所占据。我不过是想要夺回我们自己的领地罢了。"太宗听到回复后，大怒："苏文弑君，伤害大臣，残虐民众，今又违抗我的诏命，侵略邻国，不可以不讨。"于是，准备以苏文弑主、解救民众的名义，征讨高句丽。

盛怒之下，太宗欲亲征高句丽。褚遂良却说："而今太子初立，年纪尚幼。其他藩王情况，陛下也都清楚，身为一国之主，轻易远行，一旦离开固守的安全地域，越辽海的险境，这些都是我所深觉忧虑的事。"太宗听得此谏言，只得打消了亲征的念头。

贞观十九年（645），太宗先是任命了刑部尚书张亮为平壤道行军大总管。由他带领江、淮、岭、硖四州近四万兵马，以及在长安、洛阳招募的近三千士兵，乘着五百艘战舰，自莱州渡海直取平壤。之后，又以李世勣为辽东道行军大总管，率领六万步骑及兰、河二州的外族降军，进攻辽东。两军合围行进。太宗又下令各路大军与新罗、百济等兵分几路，一同进攻高句丽。

然而此次征战，因辽东一带早寒，草木干枯水结冰，士兵马匹无法久留，粮食也快消耗殆尽了，太宗遂下令班师回朝。贞观二十年（646），高句丽派遣使者来唐，并献上两位美人以谢罪。然而，太宗并未接受高句丽的谢罪。

贞观二十一年（647），太宗再次征伐高句丽。三月，以左武卫大将军牛进达为青丘道行军大总管，以右武候将军李海岸为副总管，率领一万多兵马，乘楼船自莱州泛海而入。他们在高句丽境内，经历了大大小小一百多次对战，皆战无不胜，成功攻下了石城。

又以太子詹事李世勣为辽东道行军大总管，右武卫将军孙贰朗等为副总管，带领三千人人马，同营州都督府兵一起，从新城道入高句丽。大军在高句丽境内无往不胜。后来，高丽王派他的儿子莫离支任武入朝谢罪，太宗依准。

贞观二十二年（648），太宗认为高丽穷困凋弊，正是国力衰微之时。准备征发三十万兵力，一举将其灭掉。他先是派人在剑南道伐木造船。船长一百尺，宽五十尺，造好后，从巫峡运送至江、扬二州，再送至莱州。遗憾的是，贞观二十三年（649），太宗便驾崩了。

太子李治继位，是为唐高宗。他继承父亲遗愿，继续征讨高句丽。先后任命兵部尚书任雅相、左武卫大将军苏定方、左骁卫大将军契苾何力等继续征讨，然而都未获得成功，只能班师回朝。

连年出征高句丽，未能成功，带来的只有损兵折将，劳民伤财。这样兴师动众对国力的消耗是十分可观的，当时就连太宗也曾感叹道："若魏征还活着，是绝对不会让我这样做的！"

贞观之治

盛世的出现，离不开一朝天子和朝臣的努力，太宗继位后，为了安抚百姓，恢复国力，做出了许多政策上的调整。

首先在人才选任上，他主张不问个人出身，不计较个人恩怨，只要有才，皆为国所用。魏征曾投于李建成麾下，甚至还谏言谋杀太宗，但太宗依然委以重任。在魏征死后，太宗伤心地说："魏征死了，朕亡一镜啊。"对于大臣的谏言，太宗也能虚怀纳谏。他曾鼓励大臣道："人需要借助于镜子，才能看到自己；君主只有借助于忠诚的大臣，才能知道自己的过错，所以我希望你们能够对朝堂政事畅所欲言。"

其次是在律法的施行上，不主张严刑峻法。当时，太宗和大臣们商讨如何防止盗贼一事。众人皆主张要施以重刑。但太宗言道："百姓为盗贼，多半是国家赋税徭役，而官员们多不作为所致。我认为，若减赋轻徭，多任用廉洁官吏，百姓能够安居乐业，谁还会去当盗贼呢？"于是，太宗命长孙无忌等人重新修订律法，将那些残忍的酷刑，诸如肉刑等都废除了。

再者是在对外政策上，一方面积极抵御侵略，维护唐边境的稳定。当时，唐施行府兵制，兵力充足，先后灭了扰乱唐边境的突厥、吐谷浑、高昌等西域诸国，并设立都护府进行管辖。太宗被西域各国拥为"天可汗"。另一方面，积极加强与边境邻国的友好联系。当时，文成公主入藏，不仅巩固了边境稳定，还加强了汉藏间文化交流，成为流传至今的一段佳话。

总之，太宗在位期间，吸取隋末的暴政教训，举贤任能，使得国家愈发强盛，社会呈现出一派繁华、安乐之景。因年号"贞观"，故史称"贞观之治"。

太子李承乾的废立

李承乾是唐太宗的长子,因生于承乾殿而得此名。太宗即位后,根据嫡长子继承制,立了长子李承乾为皇太子。

太宗李世民与长孙皇后一共孕育了三个儿子,分别为长子李承乾、次子李泰、九子李治。太宗对魏王李泰十分宠爱,李泰身材肥胖,每次趋走拜谒都十分困难,太宗就准许他上朝时乘用舆车。当时,每月分配给魏王的料物,甚至会超过太子的规格。李泰自负才能出众,暗中已有夺嫡之意。他有意结交文武百官,用厚礼馈赠维系,诸如驸马都尉柴令武、房遗爱、黄门侍郎韦挺、工部尚书杜楚客等朝臣,都成为他的心腹。

而太子承乾本就有足疾之症,走起路来十分艰难,已是十分自卑。加上太宗又过分宠爱魏王,这都让身处太子之位的李承乾坐立不安,担心自己太子之位不保。不过,他平时的言行举止也让太宗难以喜欢。每次临朝理政时,李承乾必定会正襟危坐,一副道貌岸然的样子。而退朝后,便又聚众厮混起来。在东宫,他不仅专门招募奴隶去盗窃百姓的马牛,用私建的八尺铜炉、六隔大鼎亲自烹煮,与宠爱的厮役一同食用,而且喜好穿突厥人的服饰,梳突厥人的发型,说突厥人的语言。甚至在东宫搭建帐篷,挑选长相似突厥人的宫人,围坐一团,烹羊割肉而食。

李承乾喜好声色,他派宫人专门学习伎乐,甚至对于宫人舞乐时的发髻、舞衣都要求一致。当时,东宫里有一位年十余岁太常乐童,名为称心,姿态容貌十分美丽,又善于歌舞。李承乾对其宠爱有加,常与他同床共寝。

太宗知道后大怒，收押了称心等人，并斩杀之，连坐而死的又有数人。

称心死后，李承乾思念不已，另辟宫室，设立其人像图，配人偶车马在旁，令宫人朝夕奠祭。而李承乾每每到这里，必定会徘徊许久，为之哭泣。甚至在宫苑中，还为他修了衣冠冢，竖立墓碑，表达哀悼之情。李承乾知道太宗为此事很不高兴，故以病为由，连续数月不上朝参政。

李承乾一直认为称心之死是李泰向太宗告密的，因此对他十分怨恨。他私自豢养了承基等数百壮士，意欲谋杀魏王李泰，但刺杀一事终是未能成功。之后，他又与汉王元昌、兵部尚书侯君集等人相互勾结，竟意欲纵兵直逼西宫。可事迹因计划不周而败露，被太宗幽禁于别室。

贞观十七年（643）四月，因谋反之罪，太子李承乾被废。魏王李泰入宫侍奉，太宗也有意立为太子，然而长孙无忌却主张拥立晋王李治。如此，朝臣和太宗在储君的选择上产生了分歧。

事实上，太宗本身是次子，因发动玄武门之变，登上皇位，所以对后人的评价一直耿耿于怀。这从他对《起居注》的上心，就可以窥探一二。《起居注》是记录君王言行的书籍，本是不能让君主本人查看的，但太宗总是明示要看。当时，褚遂良担任谏议大夫兼知起居事一职。太宗经常问起《起居注》所录之事。褚遂良回道："起居注就相当于古代的史书，记录着人君所行的善事与恶事，目的是以此为警戒。没听说过君王可以亲看的。"太宗又问："朕那些不好的行为，爱卿也会记录吗？"遂良回答："这是臣的职责，君主的所有言行必定如实记载。"黄门侍郎刘洎也说："假如遂良不记，天下人同样会记录的。"太宗只好作罢。可见，太宗是很在乎外在的评价的，他不希望自己的后继者也遭后人诟病。因此，太宗对侍臣说："我若立李泰为太子，则意味着太子之位是可以通过谋划而得到的。再者若立李泰，承乾与李治都可能性命不保。但若立李治，则承乾与李泰都能相安无恙。"

不久，诏书下达，晋王李治被立为皇太子。李承乾和李泰也因为夺嫡被发配至蛮荒之地的贵州，直至死去。

高宗废王立武

高宗李治的皇后王氏本是高宗尚是晋王时，太宗为其挑选的正妻。从晋王妃到太子妃，再到立为皇后，在此期间，王氏一直未能为高宗诞下一儿半女。而与之相较，高宗的另一位妃子——萧淑妃却备受恩宠，还为高宗诞下一儿，名为素节。为了与萧淑妃相制衡，王皇后亲自将武则天从感业寺带出来，送到了高宗的身边。

当时，十四岁的武则天凭借绝美的容貌，被太宗召入后宫，立为才人。之后，太宗因病卧榻，身为太子的李治随旁服侍，遇见一同入侍的武则天。与才人武氏的初次相遇，便让高宗一见倾心。但随着太宗的驾崩，未生育子嗣的后宫都要被剃发送入佛寺，武氏也被送入感业寺中出家修行。

适逢太宗忌日，高宗去感业寺上香，再次邂逅了在那里修行的武氏。二人泪眼相望，满是说不出的思念。此时，王皇后觉察到了高宗与武氏之间的情谊。为了打压正得圣宠的萧淑妃，她一边命还在修行的武氏蓄留长发，一边又劝高宗将武氏纳进后宫，以续前缘。就这样，在王皇后的安排下，武氏再一次走进了后宫，走进了大唐的历史中。

武则天不仅聪慧，而且善于权御之道。初入宫时，她十分懂得收敛锋芒。最初，武氏的到来确实重重打击了萧淑妃的嚣张气焰。一手策划此事的王皇后对此十分欢喜，多次在高宗面前为其美言。不久，武氏被立为昭仪，赐号宸妃。

可随着时间的推移，弊端也显现了出来。随着萧淑妃的失宠，反倒让武则天后来者居上，独获圣宠。王皇后这才反应过来，但为时已晚。即使后来，王皇后想要和萧淑妃联合打压武则天，但她们也没有任何话语权，彻底败给了李治对武则天的爱。在这场后宫之争中，高宗不再相信王皇后、萧淑妃所说的任何话语，而只信任武则天。

不过，虽然王皇后一直没得到皇帝的恩宠，但高宗也一直未有废后的想法。直至武则天诞下一个女儿，后宫的形势发生了变化。当时，王皇后前往武昭仪寝殿进行探望，见昭仪未在殿中，而独留小公主躺在摇篮中。因十分怜爱，便不由自主地抱起。等了许久的王皇后不见昭仪回殿，遂自行离开了。后来，武则天偷偷用被子将亲生女儿捂死，意欲嫁祸皇后。适时，高宗前来看女儿，问起小公主近况。她强颜欢笑，掀起了盖在小公主脸上的被子。见小公主毫无反应，高宗大惊，武则天抱着孩子痛哭不已。随即问向左右侍从，刚才是谁在寝殿照顾。随侍官人回道："刚才是皇后来了。"高宗怒不可遏，道："原来是皇后杀了我们的女儿。"武则天哭着诉说皇后的罪行，皇后百口莫辩。此时的高宗已心生废后立武之念。但是，在废后立武一事上，高宗受到了大臣长孙无忌、褚遂良等的极力反对，一直久久未能执行。后来在李世勣的支持下，废后一事才尘埃落定。

当时，李世勣入宫觐见，高宗询问废后一事，道："朕想要废王氏，改立武氏为后，然而遂良等一帮辅政大臣坚决反对，这件事该怎么办呢？"李世勣回道："此乃是陛下的家事，何必去问外人呢！"于是，永徽六年（655）十月，高宗下诏将王皇后、萧淑妃废为庶人，立武氏为皇后。

"文佳皇帝"陈硕真

永徽四年（653），睦州女子陈硕真与妹夫章叔胤举兵起义。她效仿唐制，任命叔胤为仆射，自称"文佳皇帝"。二人兵分两路，章叔胤帅部攻陷了桐庐，陈硕真则亲率兵马，以撞钟为信号，焚香求神，引二千兵马，攻陷了睦州及于潜等地。随后转战歙州，这支兵马无往不前。

之后，李硕真又派将领童文宝带领四千人马进攻婺州。途中却遭到了唐军的阻截。那时，唐高宗派出扬州刺史房仁裕和刺史崔义玄分率部队，南北夹击起义军。

当时有民间传言，硕真有真神相护，凡侵犯她所率兵马的人必定会被天神灭族，以致唐军士兵都很惧怕。司功参军崔玄籍却不以为然，对众士兵言道："起兵打仗是否顺利，仅仅凭借妖言惑众，就能长久吗？止步不前只会失利。"士兵们听到此番鼓舞后，军心大振。

于是，崔义玄任命崔玄籍为前锋，自将州兵继之，两军在淮戍发生遭遇战。左右士兵用盾牌保护义玄，义玄说："刺史避箭，人谁致死！"遂下令将盾牌撤了下去。由于唐军装备齐全，起义军寡不敌众，惨遭大败，被杀者达数千人，残余部队悉数投降。等到唐军攻打到睦州境地时，望风投降者已达到数万人。

十一月，唐军两军会合，并俘获了陈硕真和章叔胤。随即斩杀了二人，所剩余党也都被平定，崔义玄也因此功被升迁为御史大夫。

作为农民起义的女性发起者，陈硕真是第一个自称为帝的人。

武后垂帘听政

登上后位的武则天，并不甘心于只料理后宫之事。每当高宗在处理朝堂政事时，她都要坐于垂帘之后，事无巨细，皆要过问。可以说，当时的天下大权皆由中宫掌控，官员的升降、众人的生杀都取决于武后，高宗不过是批复而已，世人遂将高宗和武后合称为"二圣"。

帝权的日渐式微，让高宗意识到，必须对武则天有所克制。麟德元年（664），高宗秘密召见上官仪商议此事。上官仪说："皇后专横放肆，朝堂内外愤懑不已，请陛下下令废后。"高宗本就有废后的打算，即命人草拟诏书。

然而此时的高宗身边早已布满了武后的眼线，稍有风吹草动，线人便会立即密告武后。废后的诏书还未拟完，武后随即赶来。看着案上的废后诏书，高宗羞愧不已，害怕武后心生怨恨，便急忙辩解道："我本是没有废后之意的，都是上官仪教我这么做的。"于是，武后暗派许敬宗上奏，诬告上官仪与废太子李忠合谋造反。同年十二月，上官仪被捕入狱。不久，便与他的儿子上官庭芝等其他人一起被处死，废太子李忠在流放之地被赐死。那些与上官仪关系密切的官员皆被连坐，或被贬职或被流放。

上元元年（674）八月，为了避先帝、先后之讳，高宗李治下诏令：皇帝改称天皇，皇后改称天后。"二圣"一起临朝，处理朝政。但唐高宗因风眩病情严重，无法视物，朝政依旧均由武后决断。

为了治好风眩病，御医秦鸣鹤说："如果让臣给陛下刺头放血，能够医治好。"但为了掌控大权，武则天并不愿意高宗病情痊愈。听此建议后，立即大怒道:"在天子头上放血,实属大逆不道。"吓得秦鸣鹤连忙求饶。高宗说:"无罪,无罪,你姑且一试吧。"秦鸣鹤这才安心,遂用银针给高宗放起血来。高宗的头痛立即稍好一些,很是高兴。

到了弘道元年(683),高宗还是因为药石无医,驾崩于贞观殿。太子李显即位,是为唐中宗,尊天后武则天为皇太后,然朝堂政事皆掌控在皇太后手中。一年后,武则天便废了中宗,改封为庐陵王,幽禁于别所。之后,又立豫王李旦为皇帝,是为唐睿宗,令居于别殿。事实上,不管是唐中宗时期,还是唐睿宗时期,真正的掌权者依然是武则天,二人不过是傀儡皇帝而已。

三箭定天山

高宗龙朔年间，回纥酋长婆闰逝世，其侄子比粟毒继任回纥酋长之位，与同罗、仆固等部落一同侵犯唐边境。回纥本是匈奴后裔，后魏时期号铁勒部落。当时，特勒部落内有仆固、同罗、回纥、拔野古、覆罗，并号俟斤，后称回纥。高宗李治下令，以左武卫大将军郑仁泰为铁勒道行军大总管，燕然都护刘审礼、左武卫将军薛仁贵为副将，率兵征讨回纥。

龙朔二年（662）三月，郑仁泰等人率军征伐铁勒部。听闻唐军欲来征讨，铁勒九姓部落联合，聚众数十万，以抵抗唐军。还精心挑选了数十名勇猛之人组成先头部队，向唐军发起进攻。副将薛仁贵率兵迎战。只见薛仁贵弯弓射箭，向敌军连发三箭，三名敌军应声落地。铁勒先头部队见薛仁贵如此骁勇，皆目瞪口呆，立即下马请降。薛仁贵乘胜追击，一直追至碛北之地，叶护兄弟三人被俘。当时，唐军营中，流传着这样的歌谣："将军三箭定天山，壮士长歌入汉关。"

薛仁贵凭这三箭成功威慑了回纥大军，唐军所到之处，回纥部落皆来请降。但由于主将郑仁泰指挥失误，唐军在追击回纥大军时，粮草不足，又正值大雪时节，最终损失惨重，等到入塞时，余兵仅八百人。

但唐军中薛仁贵威名远播，回纥受到重挫，无力再侵扰唐朝边境，唐朝的边疆得到了短暂的安宁。龙朔三年（663），唐朝迁燕然都护府至回纥，改名为瀚海都护府。将原瀚海都护府迁至云中古城，改名为云中都护府，并以沙漠为界，沙漠以北州府都隶属瀚海都护府，沙漠以南隶属云中都护府。

隋唐：万邦来朝

制服高句丽

从隋朝开始，到唐太宗、唐高宗时期，都曾派兵远征过高句丽，甚至皇帝御驾亲征，都未真正制服过。这场与高句丽的拉锯战直至武则天执政时期，才终于有了结果。

显庆五年（660），高宗因眼疾严重，让武后协旁理政。适时，百济因自恃有高句丽援助，多次入侵新罗。于是，新罗王上表向大唐求救。唐以左武卫大将军苏定方为神丘道行军大总管，率领水陆大军十万余人，又任命春秋为嵎夷道行军总管，率领新罗军队，共同讨伐百济。最终，在两军的合势围攻下，灭掉了百济。

乾封元年（666），高句丽泉盖苏文去世，长子泉男生继位莫离支，掌控高句丽大权。然而泉男生与弟弟泉男建、泉男产不和，双方各结党羽，势同水火。之后，泉男建自立为莫离支。泉男生势单力薄，遂向李唐求救。唐任命右骁卫大将军契苾何力为辽东道安抚大使，任命泉献诚为右武卫将军，担任向导，任命右金吾卫将军庞同善等为行军总管，共同讨伐高句丽，救援泉男生。

不久，唐再次向高句丽发起征讨，任命李世勣为辽东道行军大总管，率领水陆两军，发兵高句丽。当时，新城作为高句丽的西部要塞之地，若不能先占领，则会影响整个远征进程。于是，李世勣率众先是攻下高句丽的新城。之后，李世勣又乘胜追击，接连攻下高句丽十六座城池。

总章元年（668）二月，李世勣攻破高句丽扶余城。同年九月，李世勣率众成功攻下平壤。当时，契苾何力先引兵到达平壤城下。李世勣攻破大行城后，率军随后赶到。两军合力围困平壤，达数月有余。高丽王高藏派泉男产带着九十八人的小分队，手持白幡向李世勣投降，李世勣以礼接之。泉男建仍闭门拒守，频频派兵出战。随后，在内应信诚的配合下，城门被打开。唐军入内，泉男建自刎未死，被擒获。随后，唐军便一鼓作气，攻占了平壤。

在此之前，武后曾就此远征，问计于侍御史洛阳贾言忠。他曾断言："高句丽必定会平定。现今高丽王高藏微弱，整个国政由权臣总揽。而泉盖苏文死后，泉男建兄弟相互攻夺。且高句丽连年饥荒，人心背离。相比较之下，我朝则国富力强。因此，趁着高句丽内乱，必然能够一举拿下。"武后又问："该派谁前去讨伐呢？"贾言忠回答道："薛仁贵勇冠三军，庞同善持军严整，高侃勤俭自处、忠果有谋，契苾何力沉毅能断，是统御之才。但夙夜小心，忘身忧国，都不及李世勣将军。"

果然，在李世勣为统帅的唐军的乘势追击下，形成了对高句丽的南北夹击势态。随着平壤被攻克，高句丽也彻底灭亡了。之后，唐设立安东都护府，建立了对这片土地的管辖。

嘴塞木丸

上元二年（675），唐高宗李治因风疹之症，意欲禅位于天后武则天，让她总理国事。与群臣商议此事时，中书侍郎同三品郝处俊极力反对。他谏言道："礼经有云，'天子理阳道，后理阴德'。天帝与天后，犹如日与月、阳与阴，应各有所主，一个管理国家之事，一个管理后宫之事。若陛下执意禅让，岂不是违反了天道。前有魏文帝下令，不许皇后临朝理政，这就是为了避免后宫乱政啊。还请陛下三思，谨遵宗法传位于李氏子孙，而不是传位于天后啊。"

中书侍郎李义琰也十分赞同郝处俊所言，复议道："处俊所言，有理有据，只恳请陛下不要疑虑。"在大臣的说服下，高宗遂将禅位一事就此作罢。后来，武后得知了此事，一直对郝处俊耿耿于怀，甚至殃及其后世子孙。

垂拱四年（688），有家奴诬告郝处俊的孙子太子通事舍人郝象贤谋反，这便给了武则天很好的机会。于是，她派周兴查办，致使郝象贤全族受株连获罪。郝象贤的家人向监察御史任玄殖诉讼冤情。任玄殖上奏，称郝象贤一案证据不足。

武后得知任玄殖为郝家翻案后，便罢免了他的官职，郝象贤一家终究是难逃一死。临刑前，郝象贤破口大骂武后，抢夺了百姓的木柴，攻击行刑者，还将宫廷秘事尽数抖出。随后监斩的士兵一拥而上，杀死了郝象贤。武后听闻后，大发雷霆。不仅命人肢解了他的尸体，还命人刨其祖坟，毁棺焚尸。后来为了避免宫廷之事泄露，每当斩杀犯人时，都要先以木丸塞住犯人的嘴巴，之后方可行刑，这一制度一直延续到武后时代结束方随之告终。

李敬业起兵

李敬业是李勣之孙，承袭祖父英国公的爵位。其祖父李勣本名徐世勣，因追随李世民战功卓越被赐李姓，后为避讳李世民的名字而改名为李勣。

武则天专政后，处处打压李氏皇族，唐宗室无不人人自危，而之前追随李唐的大臣也人心惶惶。光宅元年（684），武则天废中宗李显，贬为庐陵王，改立李旦为帝，即睿宗，但睿宗也只是傀儡，一切朝中大事还是全权由武氏把控。

当时，眉州刺史英公李敬业及弟李敬猷、唐之奇、骆宾王、杜求仁等人因事连坐，遭则天太后贬官。众人于扬州会面，对武则天满腔的怨气，让他们决定以匡复庐陵王的名义起兵反抗。李敬业自称为匡复府上将，兼任扬州大都督。唐之奇、杜求仁为左、右长史，宗臣、仲璋为左、右司马，思温为军师，骆宾王为记室。打着这个旗号，众人在数十日内便集结了数十万的兵马。

当时，骆宾王为起义撰写了一篇讨伐檄文，檄文传到了武则天的手中。武则天读罢，问侍臣道："这篇文章是何人所写？"大臣回道："骆宾王。"武后惋惜道："这个人有如此文采，却让他怀才不遇，而流落被叛贼所用，这确是宰相之过啊！"这就是骆宾王那篇著名的《为徐敬业讨武曌檄》。

在得知徐敬业起兵时，武后曾问计于宰相裴炎。裴炎回答道："陛下日渐长大，但一直没有亲理政事，所以这帮人才会以此为借口。如果太后能够还政于陛下，相信不要出兵，叛乱自会平定。"武则天认为裴炎之言与李敬业之举，实则不谋而合，遂将裴炎诛杀了。随后，武则天先是下诏，削去了李敬业的承袭官爵,恢复本姓徐姓,然后命李孝逸率兵三十万前去讨伐。

徐敬业的谋士薛璋建议:"金陵有帝王之气相护,又有长江天险,可谓是固若金汤。因此要先攻取常、润二州,并以此为根据地,再率兵北渡。如此进退自如,方是常胜之道啊。"而另一位谋士魏思温则认为,应该尽早渡淮北上,招揽山东豪杰,直取东都洛阳。敬业没有听取魏思温的计谋,而是采纳了薛璋之意。先是率众渡江,攻占了润州,杀了当地刺史李思文。

而此时,李孝逸率唐军已渡过淮河。徐敬业听闻后,遂立即回防,自率军屯兵于高邮的下阿溪,让徐敬猷据淮阴,大将韦超等屯兵都梁山,以对抗唐军。李孝逸率唐军各个击破,先是进攻韦超和徐敬猷之众,然后转向屯兵高邮的徐敬业。

最终,李孝逸凭借火攻,大败起义军。徐敬业大军损失惨重,近七千多士兵被斩杀,淹死的更是不计其数。无奈,徐敬业只得先逃往江都,带上妻儿准备从润州由海路逃至高句丽。不幸的是,徐敬业一家在海陵地段被全部捕获。至此,这场起义在历经了四十余天后,就被武则天镇压了。

一代女皇武则天

自高宗离世后，武后一直都在为称帝一事秘密筹划。一方面，她极力加强自身的权力掌控。垂拱元年（685），她在朝堂上设置铜匦，广听天下善恶之事。不仅所有人都可投书密告，还要求五品以上文武官员必须互相监督。另一方面，在民间大肆制造女皇登基的舆论。先是下令武承嗣伪造瑞石，上刻"圣母临人，永昌帝业"八字，然后令雍州人唐同泰对外称是从洛水之中发现此石，暗示天命所归。后来，凤阁侍郎河东宗秦客改造"天""地"等十二字，献给则天太后。太后以"曌"字为名，改诏书为制书。

天授元年（690）七月，东魏国寺的和尚法明等人将撰写的四卷《大云经》进献给朝廷。书中声称太后乃是弥勒佛降世，应该取唐而代之，成为天下之主。则天太后阅完后，向天下广而告之。

九月，侍御史汲人傅游艺率领关中百姓约九百余人，在皇宫前请命。希望改国号为周，赐皇帝姓为武氏。武则天虽未答应继任帝位，但却提拔了傅游艺为给事中。之后，朝中文武百官、皇室宗亲、京城远近百姓等纷纷响应，约六万余人又再次集结于皇宫外，请命则天太后称帝。甚至连时任帝位的睿宗也请求赐武姓。

当时，群臣上书，称看见一只凤凰从明堂飞向上阳宫，后又飞回来停在左台的梧桐上，停留许久，才向东南方向飞去，还称有数万只赤雀在朝堂上盘旋。

在众人的再三请求下，则天太后才接受了睿宗和群臣的请愿。在则天门

◁◀ 隋唐：万邦来朝

城楼上，太后大赦天下，改唐为周，登基为帝。她将睿宗皇帝列为皇嗣，赐武氏姓。之后，武则天又在洛阳设立武氏七庙，遍封武氏子弟，封武承嗣为魏王，武三思为梁王。

唐前期：威震四方 万邦来朝 ▶▷

请君入瓮

武则天专政时期，为排除异己，遏制李氏一族的势力，曾大肆任用酷吏，诸如来俊臣、索元礼、万国俊、周兴、郭霸、王弘义等人，以加强自身统治。而来俊臣是其中"最负盛名"的一位。

天授二年（691），来俊臣被任命为左台御史中丞。自此更是有恃无恐，与侯思止、王弘义、郭霸、李仁敬等人狼狈为奸，同恶相济。在这帮酷吏的打压下，朝堂百官无不战战兢兢，屏息自保，见面之后连一句话也不敢多言。

他们召集数百无赖，专门从事告密事务。若打算诬告一人时，就会在不同的地方云集响应，制造出此人罪大恶极、民怨沸腾的阵势。就连武则天也曾说："只要让俊臣查证，没有得不出的实情。"

武则天还在丽景门设置了推事院，专令来俊臣等查证案情。丽景门别号新开门，民间有言，凡是进了新开门的人，没有一人能安然脱身的。来俊臣甚至还与其党羽编造了一本《告密罗织经》来传授查案经验。书中详细记录着编造罪行的细枝末节，内容之详细，条理之分明，让人叹为观止。

当时，有人向武则天上告，文昌右丞周兴与丘神勣欲同谋反。武则天命来俊臣前去查清此事。来俊臣先是假意宴请周兴，商议政事。在宴席上，他问周兴道："许多囚犯都不承认自己的罪行，该怎样处理呢？"周兴回道："这是很容易的事啊。可以先取一个大瓮，架在火堆中，然后把囚犯放在瓮中，以火慢慢烧之。那时，还用担心他不承认吗？"周兴的话音刚落，来俊臣便让人取来了一个大瓮。按周兴所说，命人搭建。完毕后，来俊臣对周兴说："有人告发你想要谋反，我奉武后之旨彻查。若你执意不认罪，那就要请你入这瓮中了。"周兴听后，吓得惊魂失措。他深知来俊臣的手段，只好认罪。本是应该处以死刑，但武则天感念旧情，赦免了死罪，流放他去了岭南之地。曾经风光一时的周兴在前往流放地的途中，死于仇人之手。

事实上，来俊臣每次审问囚犯的手段都极为残忍。无论罪责轻重，或是用醋灌入犯人鼻耳，或是放入瓮中用火烧之，或是断绝食物，处刑之法可谓是花样百出。若是遇到皇帝大赦天下，来俊臣就会先让手下处理掉一些重刑犯，然后再宣读大赦的旨意。可以说，犯人一旦落入来俊臣之手，除非死了，不然是不可能安然出狱的。

娄师德唾面自干

娄师德是武则天时期的名相。在唐远征吐蕃中，他战功赫赫，为边境的稳定，堪称功劳卓著。仪凤二年（677），吐蕃侵犯唐朝边塞。高宗下旨广募猛士，以备讨伐。身为文官的娄师德，毅然弃笔从戎，应征入伍。高宗知晓后，对他大加赞赏，特擢升为朝散大夫。在随军西讨的过程中，他屡立战功，官爵也一升再升。

娄师德宽厚海量，即使受了别人的无礼对待，也从不计较。长寿二年（693）的一天，他与李昭德一同入朝。由于娄师德身材肥胖，行动缓慢。李昭德频频等他，但他依旧是久久未跟上步伐。气得李昭德大骂道："你这个乡巴佬！"而娄师德闻言后，并未动怒，而是笑着回道："我若不是乡下人的话，那谁是乡下人呢！"

后来，他的弟弟被任命为代州刺史。上任之前，娄师德问他："我位居宰相，你也被任命为刺史，这样的恩宠，肯定会遭到其他人的嫉妒的。你觉得我们该怎样才能免除此祸事呢？"弟弟回答道："兄长不必为我担忧，自此以后，如果有人在我的脸上吐唾沫，我就自己擦掉，一定不会对此人怀恨在心。"娄师德担忧地说道："这恰恰是我所不放心之处。别人吐你唾沫，一定是对你有怨恨，你若是擦掉了，未解其恨，只会让他更生气。因此，以后若有人吐你唾沫，你应当微笑接受这一切，不要擦掉。风吹一下，自然会干的。"

除此之外，他还是一个善于举荐贤能的人，狄仁杰就是他向武后大力推荐的。但狄仁杰并不知道娄师德推荐过自己，不仅看不起娄师德，还曾多次排挤他。武后察觉了此事，向狄仁杰问道："你觉得师德堪称贤人吗？"狄仁杰回道："作为将领，他能够谨守边陲，但是否贤能，臣不知。"武后又问："那你觉得娄师德能识得贤人吗？"狄仁杰回道："作为同僚，我没听说过他能识贤啊。"武后语重心长地说道："朕之所以重用爱卿，就是师德推荐的你，这能算得上识人吗？"狄仁杰听后，很是惭愧，感叹道："娄公如此贤能，我受了他如此大的恩情，却全然不知，于他真是相差甚远。"于是，狄仁杰到娄府当面赔礼道歉。娄师德说："我见你个性刚直，说话不偏不倚，觉得你一定能够护国安民，匡复唐室，故而推荐你。"二人遂相善如初。

圣历二年（699），娄师德逝世，被追赠为凉州都督，谥号为"贞"。纵观娄师德的一生，为国征战边塞，为国举荐贤能，而为人又宽宏海量、知忍让。可能正是因为此，他才能得到武后的信任，才能在风云诡谲的朝堂上免遭迫害。

唐前期：威震四方 万邦来朝 ▶▷

初唐四杰

王勃、杨炯、卢照邻、骆宾王，被称为唐初"文坛四杰"。

王勃，字子安。六岁时，便能挥笔成文，被当时人称为"神童"。九岁时，能读懂颜师古注的《汉书》，还撰写《指瑕》十卷，并标记其中的错误之处。但在他二十九岁时，在前往交趾县探望父亲的途中，不幸落水而死。

当时，王勃路经钟陵。恰逢重阳节，都督在滕王阁设宴。王勃也是被邀请人之一。都督为了向众来宾夸耀自己的女婿，将女婿事先做好的序文传阅给众人欣赏。还佯装分发纸笔，让众人皆为宴会写序文。众人深知都督的用意，都以"莫不敢当"推辞。然而，当纸笔传到王勃手中时，他却拿起笔，奋笔疾书。都督看到，面露不悦之色，拂衣而去。与此同时，还命人前去查看王勃所写内容。王勃一气呵成，不易一字，写出了令人叹为观止的《滕王阁序》。众人皆道："这是天才啊。"

杨炯自幼聪敏好学，年少时因"神童"，被授为校书郎。武则天执政初期，因堂弟神让造反牵累获罪，被贬为梓州司法参军。任职期满，被改派为盈川县令。如意元年（692）武则天亲临洛阳城与百官一同参与盂兰盆盛会。杨炯向武则天进献了《盂兰盆赋》一文，辞藻雅致清秀，备受称赞。当时，王勃、杨炯、卢照邻、骆宾王四人以文齐名，世人称之为"王杨卢骆"。杨炯听闻后，常常自言道："吾愧在卢前，耻居王后。"就连当时的宰相张说也说："杨盈川文思如泉涌，取之不竭，优于卢照邻，也不逊色于王勃，'耻居王后'信然，'愧在卢前'就是谦虚之言了。"

卢照邻，字升之。出身望族，自幼饱读诗书，博学能文。十岁时就跟随曹宪、王义方学习《尔雅》等经文。曾在邓王李元裕府中担任典签，备受器重。李元裕甚至于将他同西汉的司马相如等同而语。之后，他又被调任为新都尉。不幸的是，他后来身患风疾，只得辞官，隐居于太白山中休养。在那里，他与"药王"孙思邈相遇。但纵是神医，对他的风疾也无可奈何。

后来，由于过度服食丹药，他的病情越来越重。不仅双腿逐渐萎缩，连一只手也因此残废了。在疾病的折磨下，身心俱残的他选择投水而死。临死前，他写下《释疾文》，与亲朋好友道别，"东郊绝此麒麟笔，西山秘此凤凰柯。死去死去今如此，生兮生兮奈汝何。"

卢照邻的一生确实悲惨。当高宗开始重视官员业绩时，他尚是一介书生，无所作为；当武后开始重视严法治国时，他却因病开始沉迷于黄老之术。当武后广纳天下文人时，他已是重病缠身，不能行走。

骆宾王七岁时就能写诗。那首《咏鹅》神作，堪称是每个中国儿童的启蒙诗歌。曾担任长安主簿，后贬为临海丞。当时，骆宾王曾多次上书讽刺朝政，引起武则天的不满。后来遭人诬陷贪污，锒铛入狱。在狱中，他写下了《在狱咏蝉》，抒发内心的悲愤、不满之情。之后，徐敬业在扬州起义。骆宾王为其撰写了一篇檄文，名为《为徐敬业讨武曌檄》。

此文文辞犀利工整，晓之以理，动之以情。凡是读过的人，无不内心澎湃，连连称赞。甚至连武则天本人也十分欣赏此文。当时，武则天看了大臣们呈上来的讨伐檄文，一开始勃然大怒，但是读至"一抔之土未干，六尺之孤何托"时，忽然停了下来，向宰相问道："这篇讨伐书是谁写的？"宰相忙回答道："是骆宾王写的。"武则天十分惋惜，感叹道："如此有才华之人，你这个宰相怎么就错过了呢？让他壮志难酬，为叛贼所用。"

狄仁杰秉公执法

年少时的狄仁杰就酷爱读书。一次，因家中有人被卷入案件，官府前来例行盘问。当时，所有的人都前去接受盘查，唯独狄仁杰依然坐于桌前读书。前来的官吏见状，十分生气，对狄仁杰满是责备。狄仁杰却说："书本之中有那么多的圣贤之人，都没有时间好好接待，哪有时间去接待这世俗间的官吏呢？"

也正是因为自小爱读书的习惯，狄仁杰顺利通过了科举考试，走上了仕途之路。可不久，便遭到其他官吏的诬陷。当时，工部尚书阎立本奉旨办理此案。见了狄仁杰后，听罢他一番有理有据的自我辩解后，阎立本感叹道："足下可谓海上明珠、东南遗宝啊。"于是，举荐他为并州都督府法曹。

在案件处理上，狄仁杰始终奉行秉公执法，敢于冒死直谏。仪凤元年（676）九月，武卫大将军权善才、右监门中郎将范怀义因误砍了昭陵的柏树，高宗知道后，雷霆大怒，下令立即诛杀此二人。作为大理丞的狄仁杰上书谏言道："陛下制订的法律，我们应当遵守它。怎么能因这几棵小树而诛杀大臣呢，此二人罪不当死。"

高宗神情严肃地说："善才等人砍了昭陵的柏树，朕若不杀，则是对先帝的不孝啊。"随旁的人都示意仁杰不要再言说，可狄仁杰偏偏固执己见。高宗的脸色愈发难看，令狄仁杰退下。狄仁杰说："触犯帝颜仍旧上谏，自古以来都不是一件易事。臣曾以为若在桀纣时期，这将是很难的事，但若在尧舜时期，则十分容易。而我有幸处于这尧舜时代，不担心会如比干那样被杀。今日之事，按律本就不至死，但陛下非要诛杀。若制定好的法律经常反复无常，这让天下百姓怎会不手足无措呢？且有古人张释之曾说：'假如有一个盗贼偷了陵墓的一抔土，陛下将如何处置呢？'今日若以这一株树的缘由，杀死了这两位将军，这让后世之人如何看待陛下？臣实在不能陷陛下于不仁不义，所以不能奉诏。"在狄仁杰的据理力争下，高宗的怒气才稍稍消减。于是，将二人罢官，流放于岭南之地。数日后，狄仁杰被提升为侍御史。

在任职期间，对于滥用私权的官吏，狄仁杰毫不手下留情。调露元年（679），高宗因恭陵玄宫狭小，无法容纳那些送终之具，便派司农卿韦弘机将其扩建。在韦弘机的主持下，新建的宿羽、高山、上阳等宫殿，富丽堂皇，气势磅礴，十分壮丽。

临近洛水的上阳宫，单长廊就绵延一里。狄仁杰知道后，上书弹奏韦弘机之举实在是诱导帝王走向奢靡之路。于是，韦弘机被罢免了官职。左司郎中王本立自恃恩宠，行事乖张，朝廷官员对其无不退让三分。唯独狄仁杰毫无畏惧，上书检举他的恶行，请求依法处理。高宗意欲网开一面，但狄仁杰说："我朝虽缺乏人才，但所重用的应该不是像王本立之辈。陛下为何要因此人制国家法度于不顾呢？"

最终，王本立还是难逃法律的制裁，整个朝廷对狄仁杰无不肃然起敬。

唐前期：威震四方 万邦来朝 ▶▷

狄仁杰善政遭诬

垂拱四年（688），狄仁杰被任命为豫州刺史。当时，武后刚围剿完越王李贞之乱。朝廷为了除后患，连坐者达六七百人，籍没者达五千余人。狄仁杰明白这些人大多并未直接参与造反，遂上书密奏武后网开一面。他说："这些人并没有造反之心，多是被胁迫的。处死他们，有违陛下体恤百姓的旨意。"于是，武后采纳了狄仁杰的谏言，免去了部分连坐之人的死罪，改为流放。

在此之前，狄仁杰曾做过宁州刺史，深得民心，百姓为其立了一块德政碑。适逢这些流放之人途经宁州，当地百姓在慰劳他们时，说："是我们的狄使君救了你们啊。"于是，便相互携同到德政碑下，哭着拜谢救命之恩，才继续前往流放之地。到达流放地后，也为狄仁杰立碑，以感念他的善德。

当时宰相张光辅所率的平乱之军自恃功高，在豫州四处侵扰，抢劫钱财。狄仁杰没有满足他们的无理要求，谴责道："乱河南的，就是一个越王李贞。今日李贞是死了，但是千千万万李贞又出现了。"虽然李光辅理屈词穷，但他并没有悔过之心，反而心生怨恨，班师回朝后，在武后面前诬告狄仁杰。武后听取一面之词，狄仁杰再次被贬，外调为复州刺史。

尽管如此，他在地方的善政得到当地百姓的褒奖，还是得到了武后的重用。天授二年（691），武后任命狄仁杰为地官侍郎，兼同平章事。武后对狄仁杰说："爱卿在汝南之地，善政远播，居然还有人上书诬告于你。爱卿想要知道这是谁吗？"狄仁杰拜谢道："如果真的是臣的过错，那臣就好好改过自新；若陛下查后，知道不是我的过错，那是臣的幸运。我不想知道告密者的姓名。"武后听后，对其称赞不已。

圣历元年（698），武承嗣、武三思为了能登太子之位，多次派人去说服武后。然而，武后对于立嗣之事一直犹豫不决。狄仁杰多晓之以理，动之以情，劝说武后召还庐陵王，立李氏子孙。之后，武后梦见鹦鹉两翅皆折，询问狄仁杰："何也？"狄仁杰回答道："武是陛下的本姓，两翼代表的是您的两个儿子。陛下起用二子，则两翼就能展翅高飞啊。"

由于狄仁杰在皇位继承上的谏言，直接导致了武后再无立武承嗣、武三思之意。这让武承嗣、武三思等人对其心生怨恨，也引来了狄仁杰的杀身之祸。

长寿元年（692），左台中丞来俊臣诬告同平章事任知古、狄仁杰、裴行本等人谋反。当时，来俊臣为了结案，言称已向武后请了旨意，若承认谋反可免一死。等到知古等人被下狱后，来俊臣以此诱骗众人承认谋反。狄仁杰说："而今天下改朝换代，万事万物皆在更新，我本是唐室旧臣，甘从赴死。谋反就是事实！"由于狄仁杰已认罪，来俊臣便放松了监管。

于是，狄仁杰向看守求来了笔砚，拆了被头帛，在上面书写冤屈。并置于绵衣中，对判官王德寿说："现在天气逐渐炎热了，你能否将这送给我家人，叮嘱他们不要再用丝绵了吗？"王德寿并未察觉，就答应了。狄仁杰的儿子光远看到了帛书后，拿着它去上诉，得到了武则天的召见。武则天看完后，便唤来俊臣前来问话。来俊臣又谎称手上有狄仁杰等人的谢死表，于是呈递给了武后。武后召见狄仁杰等人，问道："你自认谋反，这是为什么呢？"狄仁杰回道："不承认的话，就会被拷打致死，哪有机会见到陛下呢。"武后又问："那为何要作谢死表呢？"狄仁杰回道："臣无此表。"武后便拿出此表，让众人看。一查才知，原来是代署伪造的。于是，武后免去了众人的死罪，只作贬官处理。

狄仁杰桃李满门

武后专政时期，十分信任和器重狄仁杰，常常是不称其名，而唤为"国老"。可以说在群臣中是无人能及的。朝堂上，狄仁杰经常当着群臣的面，与武后据理力争。武后赏识他的勇敢与直率，常常克制自己，采纳他的谏言。

有一次，狄仁杰随驾出游。突然间，一阵风起，将狄仁杰的方巾吹落，导致马儿惊慌不止。武后立即命太子追上前去，抓住缰绳，解救狄仁杰。晚年时期的狄仁杰因年老体疾，多次意欲告老还乡，但多被武后劝说了下来。每次入见武后时，武后总是不许他行拜礼，说："每次看见你行拜礼，朕的身体仿佛也感受着同样的疼痛。"同时，告诫群臣道："若没有什么军国大事，就不要去劳烦国老。"

狄仁杰有识人爱贤之心，为武后举贤荐能，鞠躬尽瘁。一次，武后问狄仁杰道："朕想要寻得一位佳士委以重任，你觉得谁比较适合？"狄仁杰回答道："不知道陛下打算委任何职于他？"武后说："打算任命其为宰相。"狄仁杰回道："若单看才学能力，那苏味道、李峤是非常合适的人选。但若说处世谋略，那荆州长史张柬之是不二人选。"于是，武后擢升张柬之为洛州司马，后又升为宰相。

随后，狄仁杰又推荐了夏官侍郎姚元崇、监察御史曲阿桓彦范、太州刺史敬晖等数十人。这些人后来也都成为一代名臣。因此，常有人对狄仁杰说："天下桃李，都在你的门下啊。"狄仁杰则说："举荐贤能为的是国家社稷，而不能因一己私欲耽误了国家发展啊。"

久视元年（700），狄仁杰去世，武后废朝三日，追封文昌右相，为其举哀。她哭着言道："朝堂是空空如也了啊！"由是，每当朝堂上有久久未能决断之事时，武后总会感叹道："上天太早夺走了我的国老啊。"

刘知几与《史通》

刘知几，字子玄，出身于官宦之家和书香门第，父亲与兄长皆以词学知名。受家世薰陶，他自幼便对文词兴趣浓厚。年少时期，开始学习《古文尚书》。然而此书文辞晦涩难懂，少年刘知几便会有所懈怠，不端正的学习态度让他多次遭到父亲的责骂。

有一次，父亲给兄长们讲授《春秋左氏传》。他丢下手中的《古文尚书》，在一旁聆听。没想到，这一听，打开了他的史学大门。他听得如痴如醉，不禁感叹："若一开始让我读这本书，怎会懈怠呢？"当时，刘知几才十二岁，父亲所讲虽不能深解，但个中大意都能知晓。之后，他又读了《史记》《汉书》《三国志》等史学著作。刘知几读史，不只是一史只读一部，而是"触类而观"。

后来，刘知几因准备科举考试，中断了热爱的史学研究。二十岁的他考中进士，被任为获嘉县主簿。当时，武后专政，为了培植势力，广招天下士人，以至官吏冗滥。他多次上书武则天，提出革除弊政的主张，甚至著《思慎赋》一文，针砭时弊表达见解。凤阁侍郎苏味道、李峤读后，感慨道："陆机的《豪士》怕也不及此啊。"

圣历二年（699），刘知几被任命左史，兼修国史，正式开启了他的史官生涯。他撰写的《史通》是我国古代第一部系统的史学评论专著。此书广论古今史籍，记载渊源流派变迁，评论得失利弊，涵盖范围十分广泛。直至景龙四年（710），才全部撰写完毕。由于《史通》总结了唐以前史学的全部问题，因而拥有极高的史学地位，对后世影响深远。

　　开元九年（721），刘知几因替其子辩解求情，开罪玄宗，被流放安州，不久便去世了，享年六十一岁。

光复大唐

长安四年（704），武则天因病居于长生殿，宰相们都不能进去拜见，只有张昌宗等人在旁侍候。张昌宗害怕武后死后，会有祸事降临，就暗自结朋营党，暗中筹备。虽然早年曾有人多次飞书于京城各个街巷，声称"张氏兄弟二人意欲谋反"，然武后总是置若罔闻。

神龙元年（705），武后病情加重，张易之兄弟加快了谋划的步伐。而此时，张柬之与桓彦范等人也相与为谋，决定诛杀张氏兄弟，恢复李唐统治。

张柬之的第一步便是安排心腹，掌控宫中的羽林军。当时，李多祚任职右羽林卫大将军，掌握京中禁军。张柬之对他说："请问将军如今的地位是谁赐予的？"李多祚回道："是高宗赏赐的。"张柬之顺势说道："而今高宗之子正遭受张氏兄弟二人的胁迫，这不正是将军报答高宗恩情的时刻吗？"李多祚答道："只要是对国家有利之事，愿唯您马首是瞻。"说着，李多祚便指着天地发起誓来，要与张柬之等人一同匡扶社稷。随后，又推荐杨元琰担任羽林将军。

起先，张柬之曾与杨元琰泛舟长江，谈论过武则天以周代唐之事。当时，杨元琰慷慨激昂，颇有救唐之意。张柬之做了宰相后，便开始重用他。之后，他又将桓彦范、敬晖等人安排进了羽林军中，逐步为兵变累积实力。

第二步便是将兵变之事告诉太子李显。当时，太子李显入宫问安。适逢桓彦范等人前往拜见，他们将准备兵变之事秘密告诉了太子。起先，太子是默许了他们的行为。可是当兵变正式开始，张柬之派李多祚等人到东宫迎接时，太子却心生畏惧。懦弱的他在东宫久久不敢出面，众人在东宫门外劝解许久，才姗姗来迟。

之后，众将士将太子带到了武则天的寝殿——长生殿中。正好遇到从寝殿里出来的张易之兄弟，立即拔刀斩杀了。随后，张柬之等人遭到了寝殿侍卫的阻挠，但最终还是强行入了寝殿里。

武则天听闻殿外声响，知道发生动乱，遂严厉斥责道："究竟是何人在作乱？"入殿的张柬之回道："张易之、张昌宗意欲谋反，臣等奉太子之命已将此二人诛杀了。但因害怕事前泄露，让张氏二人有所防范，所以没有上报。但未得令就带兵闯宫禁中，罪当万死！"武则天看了一眼旁边站着的太子，言道："是你吗？既然张氏已被诛杀，还不赶快回东宫！"话音刚落，桓彦范言道："太子现在还不能走。原先天皇将未成年的太子托付于陛下，而今太子成年已久，却依然居于东宫。现在天下皆怀念大唐，还请陛下顺天下之心，传位于太子。"武则天没有回答，而是转向了李湛，他是李义府之子。武后说："你也是诛杀易之将军中的一员吗？我待你们父子不薄，今日竟然也开始谋反！"随后，武则天又转向崔玄，说："你是我亲自选拔的人，怎么也同他人一起来反我？"

迫于眼前形势，武则天只得将帝位传于太子李显。李显即位后，复国号唐。

中宗之妻韦氏

韦氏，唐中宗李显的皇后。她是唐朝继武则天后，又一个企图称帝的女子。

韦氏的这种"肆无忌惮"是有因可循的。当初，武则天将太子李显贬为庐陵王，流放于房州，韦氏一直跟随在旁。多年的共患难，让二人结下了深厚的夫妻情谊。那时，中宗每听到有朝廷的使者到来，都惴惴不安，甚至于想过以死求得解脱。每当这时，韦氏都会在旁耐心宽慰道："祸福无常，最多是一死，您又何必如此慌张呢？"可以说，在这日日夜夜的恐惧中，只有韦氏的陪伴，中宗才稍稍得以安心。于是，他对韦氏立誓："他日若能重见天日，你做任何事情都可以随心所欲，我不会对你有任何的约束。"

神龙元年（705），张柬之等人发动政变，武则天被迫禅让，李显登位。之后，韦氏被立为皇后。每当中宗临朝理政时，韦氏都会随旁共议国事，就如同高宗时期武后"垂帘听政"一般。事实上，中宗的宠爱恰恰也滋长了韦氏对权力的渴望。

政变虽然诛杀了张氏兄弟，恢复李唐统治，但武氏的势力依然未能"斩草除根"。在上官婉儿的推荐下，武三思得到了李显和韦氏的重用。中宗对他的信任，不仅表现在让皇后韦氏与之一起玩"双陆"游戏，自己在旁为他们数筹码，还让武三思的儿子娶了自己的爱女安乐公主。以至于后来，武三思与韦后私通，联合操纵政事，势力越来越强大。

韦后的家族也依仗着皇后的权势，为所欲为。安乐、长宁公主及皇后妹妹郕国夫人等人,大肆卖官鬻爵,明目张胆地收敛钱财。只要有人能送出三十万钱,她们就能让中宗盖印,然后交于中书省,派出官职。当时人们称这种方式得来的官为"斜封官"。

此后,韦后开始慢慢将权力收归到自己的囊中,并为自己登基造势。景龙元年(707)八月,韦后示意群臣,尊称中宗为应天神龙皇帝,改玄武门为神武门,楼为制胜楼。然后,又让心腹宗楚客等人协同百官,上书要求尊皇后为顺天翊圣皇后。景龙二年(708)二月,有宫人声称皇后的衣笥裙上出现了五色祥云,中宗甚至命画工将其绘成图案,展示于百官,为此还大赦天下。

景龙三年(709),中宗打算到南郊祭祀,国子祭酒祝钦明等人为讨好韦后,上言建议皇后随驾助祭。此事虽遭到了太常博士唐绍、蒋钦绪极力反对,但在韦巨源等人的说服下,中宗还是应允了祝钦明的建议,将皇后的祭拜称为亚献。

景云元年(710)六月,韦后与安乐公主合谋,在中宗的饼食中投毒。其后,中宗在神龙殿中毒驾崩。韦后秘不发丧,随后与兄长太子少保韦温决定,立温王重茂为皇太子,随后即位。少帝即位,韦后被尊为皇太后,临朝摄政。

妻杀中宗

即位后的中宗，身边被四位强势的女人环绕，他的妻子韦氏、他的女儿安乐公主、昭容上官婉儿，以及妹妹太平公主。她们对权势的渴望，也让中宗在这段历史中显得尤为弱势。

上官婉儿是高宗时的宰相上官仪之女。父亲为武后所杀后，与母亲一同被拘于掖廷。十四岁时，因其才华横溢，得到武后赏识，不仅免于一死，还备受重用。武则天执政时期，很多的诏令起草都是出自上官婉儿之手。中宗即位后，上官婉儿被封为昭容，继续负责政令起草，依旧备受信任。可她却与韦后、安乐公主来往频繁，不仅多次劝说韦后效仿武则天，还将武三思引荐于韦后。

韦氏与安乐公主的专横霸权表现得也尤为突出。韦氏登上皇后位后，在后宫管理上，放任宫女与男子随意进出，从不加约束，致使宫中风气大坏。当时，上官婉儿将武三思推荐于韦后。二人内外勾结，操纵着朝政，对那些上书谏言的大臣们，诸如侍中敬晖等极尽残害。

安乐公主自小恃宠成娇，专横跋扈。她出生于中宗流放途中。中宗为了她甚至脱下衣服来包裹她，并为其命名裹儿。只要是她想要的，中宗从未有不应允的，可见其溺爱程度，这也更加助长了她那恃宠骄横的性格。

有一次，安乐公主请求中宗将昆明池赐予她。中宗以当时百姓需靠此池捕鱼为生为由，并未答应她。公主十分不悦，决心重新修建一池，且要远远超过此池，并取名为定池。于是，圈占民田，强征民众，日夜不停，修建定池。定池绵延数里，其中用积石仿造华山，池边种植奇花异草。中宗知道后不但不加以责备，还命群臣前往赋诗庆贺。

此外，安乐、长宁诸公主还经常放纵府中士兵去抢夺百姓子女为奴婢。侍御史袁从之将这些人收押于狱中，准备治罪。公主向中宗哭诉，中宗便释放了所有的罪犯。甚至安乐公主还私自撰写敕令，掩盖了上面的内容，让中宗签署。中宗也总是看都不看，笑着就签署了。正是在这一溺爱纵容下，她与韦后大肆兜售官爵，敛财聚势。之后，她还请求中宗立她为皇太女，中宗虽然未答应，但也未加以责备。安乐公主那颗想当女皇的躁动的心，已是无法平复。最终，这对母女决定毒杀中宗。

景云元年（710），散骑常侍马秦客凭借精湛的医术，光禄少卿杨均因善于烹调，经常出入后宫，密会韦后。韦后担心与此二人的事迹败露，遂与安乐公主相谋，在中宗的饼食中投毒。当时，安乐公主也希望韦后称帝后，封其为皇太女。六月，中宗在神龙殿中毒驾崩。

纵观中宗的一生，在这些强势女人的主导下，颇为不易。前有武后，后有韦氏、安乐等，这个本该占据主角的男性却沦为配角。

太平公主擅权

太平公主是武则天和李治的女儿，自小聪慧，谙知权谋之术。在武则天的众多子女中，武则天自认太平公主是与她最相像的孩子。因而太平公主自小独享恩宠。武则天在世时，经常与太平公主一起商议国政大事。然而当时，太平公主对武则天十分畏惧，从不敢私下结交权势。

但随着朝堂局势的变化，在诛杀张易之兄弟二人上，太平公主站到了与武则天相反的一边。中宗即位后，太平公主备受信赖。甚至连当时权倾朝野的韦后、安乐公主也对她礼让三分。之后，太平公主与李隆基合作，平定韦氏之乱。屡次立大功的她，得到了睿宗李旦的重视，地位也愈加尊贵了。每当讨论国事时，睿宗都要问大臣："和太平公主商议了没？"之后，又问："和太子（李隆基）商议了没？"对于太平公主的诉求，睿宗无不满足。自宰相以下，其他所有官员的进退，单凭太平公主一人之言即可决断，而太平公主的府门前也是门庭若市。

起初，太平公主只当李隆基年少，并没有将他放在眼里。之后，随着他被立为太子，身边聚集了一帮有识之士，才有所忌惮。这样强势的太子，必然会影响到太平公主之后的权威。于是，她便到处散播流言，说："太子不是嫡长子，不当立为太子。"还在太子府安排耳目，监视太子的一举一动。一有风吹草动，太平公主就会向睿宗报告。有时候，公主还会乘辇在光范门内，拦下朝中宰相们，鼓动他们上书废立太子。宋璟与姚崇将太平陷害太子一事密告了睿宗。太平公主认错，主动请求前往东都。睿宗不舍地说道："朕没有兄弟，只有太平公主这一个妹妹，怎么可以将她远置于东都呢。"

先天元年（712），睿宗传位于太子李隆基。李隆基即位，是为玄宗。太平公主曾多次劝说、阻止睿宗，皆无功而返。于是，她打算自己掌握大权，遂开始谋划夺权。开元元年（713），依仗着太上皇李旦的权势，太平公主擅权用事。当时，在朝廷中，一共有七位宰相，其中有五位与她私下有来往。文武之臣中有一大半也是依附于她的。一方面，她与窦怀贞等人密谋将玄宗废掉，另立他人。另一方面，她又与宫人元氏合谋，在赤箭粉中投毒，欲杀害玄宗。

七月，太平公主意欲作乱。一方面她准备令常元楷、李慈率羽林兵突袭武德殿，另一方面让窦怀贞等人则在南牙举兵响应。玄宗经魏知古密报，事先了解此事，决定先下手为强。他秘密与岐王李范、薛王李业、郭元振及龙武将军王毛仲等人合谋诛杀太平公主及其党羽。王毛仲率领三百士兵从武德殿进入虔化门，先将常元楷、李慈二人斩杀。之后，又将抓捕到的贾膺福、李猷、萧至忠和岑羲四人一同斩杀。窦怀贞则逃入沟中，自缢而死。

太平公主听闻局势有变，连忙逃到山中的寺庙中躲避。直到三日后，才敢出来。最终，太平公主被赐死于家中。而薛崇简因曾多次谏言阻止母亲太平公主而遭到毒打，被免死罪，赐予李姓，且官爵如故。之后，又没收了太平公主的所有财产。她的金银财宝堆积如山，珍宝器玩堪媲美宫中，而厩中羊马、田地园林等所得的钱财几年也没收完。

至此，从武则天开始的争权斗争得以告一段落。同时也预示着女性主导的时代真正地落下帷幕。

唐前期：威震四方 万邦来朝

开元盛世

公元713年，李隆基击败姑姑太平公主后，开始临朝理政，改年号为"开元"。

开元初年，百废待兴，国家急需能人志士来拨乱反正。亲政后的玄宗，也深知用人是治国之根本。在举贤任能上，玄宗可谓是独具慧眼。后世所熟知的名相姚崇、宋璟、张说、张九龄等，都是由他亲自提拔的。他们各有所长，精通治国之策，同时也大多敢于直谏。

当时，玄宗看中了同州刺史姚崇，准备提拔他进中枢任职。姚崇并未一口答应，而是请玄宗答应他十件事情，若答应了便同意。玄宗询问："哪十件事情？"姚崇回道："一是施仁政，善待天下百姓。二是勿贪边功，减少征战。三是不徇私枉法，偏袒近臣。四是严令宦官不得干政。五是将租赋以外的赋税全部废除。六是不得任命皇亲国戚为高官。七是陛下对待大臣要以礼相待。八是广开言路。九是禁止修建佛道寺观。十是禁止外戚干政。"玄宗听完后，连连点头，表示全都答应。于是，姚崇被任命为兵部尚书、同中书门下三品。

玄宗还大力提倡节俭。即位后，他立即着手整治武周以来的奢靡之风。首先就是严控内廷花销。开元二年（714），他下令将宫内过度使用的金银器皿集中起来，重新熔炼铸造，以供军国之用，同时下令不准再采珠玉、织锦绣等物，甚至还关闭了两京的织锦坊。

在抑制佛教发展方面，玄宗也是不遗余力。唐代自中宗以来，很多达官贵人竞相捐建佛寺。借此弄虚作假、逃避徭役的人也不在少数，这种行为严重影响了国家兵力及赋税征收。姚崇曾向玄宗提出禁止修建佛道寺观，玄宗听从了他的建议，下令审查全国寺庙，凡是有弄虚作假，借以逃税逃役者皆勒令还俗。

　　此外，玄宗也很重视农业发展。不仅兴修水利，帮助百姓防御各种自然灾害，还下令在各地方设立常平仓，以免在粮食丰收时，谷贱伤农。对于政令的具体实施，玄宗也十分懂得因地制宜。当时江南之地地势低且潮湿，粮食储藏十分困难，遂谷仓设立一事便不强制这些地方实施。

　　在这些贤人的辅佐下，唐朝再次步入了繁盛阶段。因玄宗在位期间，年号为"开元"，故这段时间又被称为"开元盛世"。

唐前期：威震四方 万邦来朝 ▶▷

救时之相姚崇

说起唐朝的贤相，前有"房杜"，后有"姚宋"，其后都没有能与这四人比肩的。而这里的姚，就是姚崇。可以说，开元盛世与他的建言是密不可分的。

姚崇在任职期间，善于随机应变处理政务，办事又干净利落，可以说，业务能力十分强了。当时，姚崇因丧子告假了十余日，政事便悉数交于另一位宰相怀慎决定，但缓慢的处理进度造成大量的公文积压。怀慎十分惶恐，主动向玄宗请罪。玄宗宽慰道："朕将天下事委派于姚崇处理，而爱卿只要坐镇即可。"

然而姚崇告假回来后，短短几日，便将积压的政事处理完毕了。于是，颇为自信地向下属齐澣问道："我这个宰相，可比何人？"齐澣还未回答，姚崇又问："跟管仲、晏婴相比如何？"齐澣说："管、晏之法虽然没有一直传用到后世，但在当时是不能随意更改的。而您则是随时更变，故恐不似不及啊。"姚崇说："所以，我到底是怎样的宰相啊？"齐澣回道："您可以算是救时之相。"

玄宗对姚崇的谏言，虽会提出疑义，但多数是信任的，最终都会听取。开元三年（715），山东爆发蝗灾，百姓们多在田旁焚香祷告，祈求上天救灾，而不敢捕杀。当时，百官都毫无主意，甚至有人以蝗虫过多而除不尽为由，意图放任不管。唯独姚崇奏请捕杀，他说："而今山东及黄河南北之地，已是蝗虫遍地，百姓流离失所，怎么可以坐视不管？即使是除杀不尽，也比放任成灾的好吧。"

最终，姚崇力排众议，全力主张灭蝗。玄宗也采纳了他的建议，派遣官员到各地灭蝗。开元四年（716），山东蝗虫又一次爆发。姚崇依旧主张捕杀。一位名为倪若水的官员却说："蝗虫是天灾，非人力所及，宜修德以禳之。"拒绝配合派遣来的御史，不执行灭蝗的命令。姚崇以牒问传与若水，言道："若修德可免此祸，那这是不是因为你的无德导致了所管辖之地的蝗灾呢？"由于倪若水理亏害怕，也不敢再违抗。五月，又下令委派使者详察各州县捕蝗进度，上报朝廷。在姚崇的主持督促下，虽然山东接连爆发蝗灾，但都没有发生大的饥荒。

姚崇因为发疟疾，在京又没有府邸，于是寄居在罔极寺。玄宗担心他的病情，一日之内数十次派人前去询问他的饮食起居状况。即便如此，每遇国家大事，玄宗都会让源乾曜前往罔极寺询问姚崇。每当源乾曜奏事，如果合乎玄宗的心思，玄宗都会说，这必定是姚崇的主意。否则，便会说，怎么不和姚崇商议一下。之后，源乾曜请旨将姚崇迁到四方馆居住，让他的家人随旁侍疾。玄宗应允了。但姚崇因四方馆华丽宏大，作为病人不敢居住，再三推辞。玄宗说："朕恨不得让你住在禁宫之中，所以就不要推辞了。"

吐蕃求书

和亲固然是缓和两个常年交战民族的有效举措，但并不是和亲之后，就没有战争发生了。在此之间，双方之间的战争一直都未真正停止过。

神龙三年（707），吐蕃赞普派出使者来朝请婚。中宗将雍王李守礼之女封为金城公主，嫁于吐蕃赞普。景龙四年（710），金城公主入藏。

开元十七年（729），玄宗派出皇甫惟明与内侍张元方前往吐蕃，探视公主，因与赞普阴相约结。赞普大喜，悉出贞观以来所得敕书以示惟明。十月，赞普派出大臣论名悉猎随惟明入朝进贡。上表称："外甥是先皇帝舅宿亲，就像一家人一样。外甥深识尊卑，怎敢失礼！正因为边将交构，以至于获罪于舅氏。我也屡次派遣使者入朝，皆为边将所制止。今蒙远降使臣，来探望公主，外甥喜出望外。倘若重归于好，死无所恨！"于是，双方便相约盟誓，从此以后互不相侵。

金城公主远嫁吐蕃，在传播唐朝文化、促进吐蕃的文明进步上，也是作用显著的。开元十九年（731），吐蕃使者奉金城公主之令，前往大唐求赐《毛诗》《春秋》《礼记》等书籍。休烈上书，说："汉成帝时期，东平王乃是汉室懿亲，前来中原求《史记》《诸子》等书。汉成帝都没有答应。更何况今天的吐蕃，他与我们常年征战，是仇敌。若今日资助书籍于他，让他学习了书本中的用兵之道，岂不是对我朝很不利。"

在休烈看来，《史记》中记录了战国纵横之谋、汉初的谋臣计策，若被他人掌握，对唐朝十分不利，而《诸子》中也存在一些不合时宜的内容。

但裴光庭等人则认为:"吐蕃之地闭塞,开化较晚,文化极为落后。我们与他们常年征战,好不容易通婚和好。若不答应,恐生变端。再说,休烈只知道书中有权略变诈之语,却不知也存在忠、信、礼、义之语。若答应其所请,赐以《诗》《书》,让他们大力发展文化,早日开化,对日后也是极好的。"玄宗听后,说:"很好!"遂派出鸿胪卿崔琳前往吐蕃送书。这在某种程度上也促进了汉、藏之间的文化交流。

唐前期：威震四方 万邦来朝 ▶▷

一行与《大衍历》

　　僧人一行，本名张遂。他的祖父郯国公张公谨乃是凌烟阁二十四功臣之一。张遂自小聪慧过人，博览经书子集。当时，武三思赏识他的才学，想要和他结交。张遂为了躲避他的殷勤，便在嵩山出家为僧，法名"一行"。

　　一行精通历象、阴阳、五行之学，在天象研究方面造诣颇高。当时，道士尹崇博学强识，收藏了许多绝版书籍。某日，一行拜访尹崇，向他借西汉扬雄所著的《太玄经》阅读。数日之后，一行再次拜访，归还此书。尹崇惊讶道："这本书晦涩难懂，我虽然拥有此书多年，仍然不能知其所以然。你应该多多研究，怎么这么快就来还书呢？"一行回答道："我已经通达其旨了。"更是将自己所撰写的《大衍玄图》《义决》各一卷，拿给尹崇审阅。尹崇读后大惊，每每与人谈及一行时都连连称赞。由此，一行开始名声大噪。

　　一行本人也深受朝廷重视，曾多次被授予官职，然而他一心礼佛，都果断拒绝了。开元五年（717），玄宗强行下诏，任命其为官。当时，由于国家所实行的历法《麟德历经》在日月食的推算上偏差逐渐拉大。于是，一行受皇帝旨意，根据前代诸家历法，撰写新历法，即《大衍历》，又称《开元大衍历经》。

　　据说，当时一行为了研习算法，云游四处，访问名士。一日，在天台山国清寺，忽见一院门前流水环绕，院内数十棵古松耸立。一行不觉走近，伫立在门外，向里探望。只听见满院的僧人布算声，不绝于耳。忽然，里面的一位长者缓缓开口了，他言道："今天会有弟子从远方而来，求取算法。现在人已经到达门外了，怎么还未进来呢？"接着，在几声算盘声后，之前言说的人又开口道："若门前水向西流，弟子就会进来了。"一行闻言，随即推门而入。见长者安坐于院中，立即俯首拜礼，请求高人传授算法。适时，门前的流水果然都向西流去。

那时，一位名叫邢和璞的道士曾说："汉朝时，有位名叫洛下闳曾造过历书，他曾断言八百年内会有一天的差错。那时会有一位圣人出世修正。现在算算，今年正好是此期限。由此来看，一行禅师岂不正是洛下闳所预言的圣人吗？"

鉴真东渡

鉴真俗姓淳于，自小因父亲信仰佛教，便常跟随着去大云寺参禅礼佛，而渐渐对佛教文化兴趣浓厚。十四岁时，他在大云寺出家为僧，拜智满禅师为师，法名鉴真。

当时，佛教在日本也很兴盛，但是得道高僧却寥寥无几。天宝元年（742），日本和尚荣睿和普照拜访扬州大明寺，请求鉴真大师赴日宣扬佛法。

天宝二年（743），鉴真带着弟子祥彦、道兴等共一百多人，从扬州浩浩荡荡地出发，前往日本。然而船只刚行至中途，便遭遇海上狂风袭击，无奈只得原路返回。就这样，此后的十年之内，鉴真又先后四次启程东渡。可总是遭遇意外，或是风浪袭击，或是官府横加干涉，皆未能实现传播佛法的愿望。

在第五次的东渡中，由于海浪袭击，鉴真所行在海上漂泊了十余天。日本僧人荣睿和其弟子祥彦不幸离世。鉴真也积劳成疾而双目失明。尽管接连遭遇天灾人祸，但是鉴真东渡的决心并没有削减。

天宝十二年（753），六十多岁高龄的鉴真开始了第六次东渡行程。同年，鉴真一行人在日本萨秋妻屋浦登岸，经太宰府、大阪等地，于次年进入日本首都平城京。日本民众为鉴真一行举行了盛大的欢迎仪式。之后，鉴真开始在日本传授佛法，先后为日本皇室和众多僧人传授戒律，被日本人民誉为"律宗之祖"。

◁◀ 隋唐：万邦来朝

除了佛法之外，鉴真一行对日本的建筑艺术、医药等方面也影响深远。日本的唐招提寺就是在鉴真的主持下建造的，至今被日本奉为瑰宝。广德元年（763），鉴真在唐招提寺病逝。鉴真不仅为日本带去了佛经，还促进了中国文化向日本的流传，同时，鉴真在佛教、医药、书法等方面，对日本也有极其深远的影响。

绝世红颜杨贵妃

玄宗的宠妃武惠妃去世后，在很长的一段时间内，玄宗都沉浸于悲伤之中，纵使后宫佳丽三千，仍无一人合意。高力士看出了玄宗的心思，为了补全玄宗内心的空缺，便向玄宗引荐了寿王李瑁的妃子杨玉环。

由于当时玉环还是玄宗的儿媳，为了免人非议。于是，让杨玉环自请为女官，赐号"太真"，安置在太真宫中。同时，为了安抚寿王，又将左卫郎将韦昭训的女儿赐予他。一切安排妥当后，天宝四年（745）八月，便册封杨玉环为贵妃。

杨玉环肌态丰艳，不仅通晓音律，也十分聪颖，善于揣摩玄宗的心思，迎合上意。入宫不久，她的宠遇堪比当年的武惠妃，甚至是有过之而无不及。在宫中，她自号为"娘子"，一切的礼制皆按皇后的规格行事。每每乘坐马匹时，都由玄宗身边的当红太监高力士亲自执辔授鞭，宫廷中专供贵妃的织绣工就达七百多人。岭南经略使张九章和广陵长史王翼，因献上精美的宝物，一个加升三品，一个升为户部侍郎。于是，文武大臣争相效仿，献上宝器珍玩，以取悦贵妃。

玄宗对贵妃的宠爱也是极致豪奢。有道是，贵妃"回眸一笑百媚生，六宫粉黛无颜色"，为博得这一笑，玄宗极力投其所好。贵妃爱食荔枝。然而，荔枝生长之地多在岭南，与长安相隔千里。于是，玄宗便令人快马加鞭，疾驰数千里，送至长安。到达时，色泽味道都如新鲜采摘般，未有变化，但中途因长途奔跑而累死许多马匹。杜牧曾作诗记录此事："一骑红尘妃子笑，无人知是荔枝来。"

自从杨玉环入宫后，世人只道"从此君王不早朝"，只知"承欢侍宴无闲暇，春从春游夜专夜"。但却不知，"三千宠爱在一身"的杨玉环也曾因两次忤逆圣意而遭到玄宗的惩罚，被遣送回家。

天宝五年（746）的一天，贵妃因嫉妒心过甚，未听玄宗之语，而出言不逊，惹得玄宗大怒。于是，玄宗派人将贵妃送到了宫外她兄长杨铦的府邸。待贵妃被送走后，玄宗一直闷闷不乐。即使到了午膳时间，也未有半点胃口。高力士见状，心领神会玄宗的心思，请旨给贵妃送去供帐、器玩、廪饩等用具，满满装载了百余车。玄宗又命将御膳也一并送去。

气头上的玄宗依旧未宣旨接回贵妃，只得拿左右侍从出气。于是，高力士又跪下请奏，接回贵妃。当天夜里，贵妃便被人抬着，从开安兴里门回了宫。一日未见，在得见圣颜的那一瞬间，玉环便伏地认错，玄宗忙上前安慰，二人遂又和好如初。

天宝九年（750），贵妃又再次因忤逆圣意被送回了杨家。户部郎中吉温向玄宗进言道："妇人的知识思虑都很浅薄狭隘，固然会违背圣心。可陛下为何如此爱惜这宫中之地，不在宫中惩罚贵妃，而非要将贵妃移送至宫外呢？"玄宗听后，心中不免有点后悔，于是，立即派人给宫外的贵妃送去了御膳。贵妃看到前来的使者，泣不成声，言道："臣妾罪当死，有幸陛下不杀，而放归家中。从今以后一定永离掖庭，这些金玉珍玩都是陛下所赐，不足为献。唯独这头发是父母所给，遂以此为戒惟。"说完，便剪了一缕头发，让使者献于玄宗。玄宗看后心痛不已，立即让高力士将贵妃接回了宫中。自此后，宠爱是愈加深厚了。

当然，杨玉环一人之恩宠，也延绵至整个家族。贵妃有三位姐姐，崔氏受封为韩国夫人，裴氏受封为虢国夫人，柳氏受封为秦国夫人。三人皆有才色，玄宗称之为姨，准许她们自由出入宫掖。杨玉环的兄长杨铦受封为鸿胪卿，杨锜被任命为侍御史，并迎娶武惠妃的女儿太华公主。杨国忠不但拜为相位，还身兼剑南节度使。每年十月，玄宗临幸华清宫时，杨氏五家全员随从，每家为一队，各身着不同颜色的衣裳，宛若百花竞放。杨门五家的府邸也都是金碧辉煌的，皆仿照宫廷规格。每建一堂，花费都是将近千万钱。若发现京中有远胜于杨氏府邸的建筑存在，就会继续重新修建。

可以说，开元以来，豪贵雄盛，没有能和杨氏媲美的。甚至当时的民歌都传唱"生男勿喜女勿悲，君今看女作门楣"。一时间，家家户户"不重生男重生女"。

宦官高力士

高力士是玄宗时期的当红宦官，本姓冯。武后时期便入宫为太监，早年因部分小的过失被杖责驱逐出了宫。之后，被内官高延福收为义子，遂改为高姓。

玄宗对高力士极其信任，每当四方进奏文表时，必先由高力士先行过目，然后再上呈玄宗，若是小事高力士便自行裁决了。甚至常常让高力士在寝殿的侧帘帷中休息，而不必出宫去高力士自己的府邸休息。玄宗常说："力士当值，我才会睡得安稳。"这份来自皇帝的信任也让高力士在朝堂上的位置举足轻重。太子李亨唤他为二兄，诸王、公主称他为"阿翁"，驸马辈则称之为"爷"。宇文融、李林甫、高仙芝等人都是靠着巴结高力士而取得官职爵位，其余人更是不可胜记。

当时，瀛州吕玄晤的女儿有姿色，力士娶之为妻。后来提拔玄晤至刺史，吕家子弟皆为王傅。吕夫人去世时，葬礼甚盛，朝堂官员争致祭赠，车马不绝。高力士的资产也十分殷厚，非一般王侯们能比肩。他曾在来庭坊修建了宝寿佛寺，在兴宁坊修建了华封道士观，宝殿珍台，侔于国力。于京城西北截沣水作碾，并转五轮，日破麦三百斛。宝寿寺钟制成时，力士斋庆之，举朝毕至。凡是击钟的人，一次须纳礼钱百千，那些想要巴结于他的人多则击至二十杵，少的也有十杵。

虽然恩宠加身，但高力士本人还是非常谨慎小心。他善于观察时势，曾多次在关键时刻提醒玄宗，但又未有越礼之举。这种致死不渝的忠诚，无疑是其人性的亮点。

当时，宰相李林甫与牛仙客谋划，增加了京畿近道粟赋，又以和籴之法充实关中。不几年，京畿蓄积殷实，这让玄宗萌发了退隐之念。他对高力士说："朕不出长安近十年，天下无事，朕欲高居无为，悉以政事委林甫，何如？"高力士回答道："天子代天巡狩，是自古就有的体制。天下大权，不可假手于他人。若他人的威势形成了，谁还敢再提出异议！"玄宗不悦，高力士立即下跪道："臣狂疾，发妄言，罪当死！"最终，玄宗还是觉得高力士言之有理，便说："朕与卿休戚共同，何须忧虑。"并命左右马上置酒为乐。

天宝十三年（754）六月，剑南道留后李宓进攻南诏，损失兵力二十多万，杨国忠隐匿不报，玄宗被蒙在鼓里。一天，玄宗却对高力士说："朕今老矣，朝事付之宰相，边事付之诸将，夫复何忧！"高力士立即提醒他说："臣闻云南损失兵力巨多，又有边将拥兵太盛，陛下将何以制之！臣恐一旦祸发，不可复救，何得谓无忧也！"高力士这番言论给昏头昏脑的玄宗敲了一下警钟，他当即表示："卿勿言，朕徐思之。"

安史之乱平息以后，玄宗被迎接回朝，尊为"太上皇"。而当时左右侍从只有一人，那就是高力士。上元元年（760），因李辅国的诬陷，高力士被流放。宝应元年（762）四月，玄宗和肃宗相继去世，流放于巫州的高力士遇赦回京。在听到玄宗去世的噩耗时，由于哀毁过度，高力士哽咽成疾，八月八日，在朗州开元寺的西院去世，代宗恢复他过去的爵位，允许陪葬玄宗的泰陵。

诗仙李白

李白,字太白。《新唐书》记载他祖上在隋末时期因罪而迁徙西域之地,直到神龙初年才得以返回,定居西蜀。李白之名,源于他的母亲在他出生前梦见了太白金星。

年少时的李白才华横溢,志气宏放,有超世之心。他与孔巢父、裴政、张叔明等人隐居于徂徕山中,整日游山玩水,酣歌纵酒,被当时的人称为"竹溪六逸"。

天宝初年,李白南下到会稽。适时,此地道士吴筠受玄宗召入京。吴筠素与李白友善,二人便一同去了长安。当时,太子宾客贺知章知道李白大名,便亲自前往拜访。在长安紫极宫,二人交谈甚欢。贺知章知道李白才华出众,遂请求拜读他的文章,李白拿出《蜀道难》一文。贺知章读罢,赞叹不已,惊呼道:"此乃天上谪仙人啊。"后来,李白在贺知章等人的极力推荐下,被玄宗授予翰林供奉一职。

李白嗜酒如命,整日流连于京中酒肆间。玄宗欲造乐府新词,急召李白。当时,李白正躺卧在酒肆间,喝得正欢。迷迷糊糊的他,随即被所来之人架入了皇宫。宫中随侍用水将其浇醒,递上笔纸。突然,他诗兴大发,顷刻间便做出来十余章。玄宗对此赞叹不已。

还有一次,玄宗与贵妃在沉香亭观赏牡丹花。伶人们欲以歌舞助兴,玄宗看后言道:"赏名花,对妃子,岂能够用旧的乐词。"于是,李白便创作出《清平调》词三首。诗句以花喻人,"云想衣裳花想容,春风拂槛露华浓。"在伶人的歌喉间流转，此情此景，美不胜收。

但李白的豪放个性与帝王恩宠，也招来他人的嫉妒。有一次，在大殿上，李白居然乘着醉意，当着玄宗之面，让当时最宠信的宦官高力士为其脱靴。高力士见其深得帝心，不敢怠慢，但实则内心恨之入骨。他摘取了李白所作诗歌，诬陷李白诋毁贵妃。之后，在杨贵妃和高力士的联合排斥下，李白失意离开长安。

李白一生创作诗歌无数，且多为脍炙人口之作，素有"诗仙"美誉。他所创的诗歌多是他豪情壮志、人生理想，或无尽愁闷的抒发。在《上李邕》中，他以大鹏自比，抒发高远志向，"大鹏一日同风起，扶摇直上九万里。假令风歇时下来，犹能簸却沧溟水。"在《将进酒》中，他借酒消愁，抒发忧愤之情，"人生得意须尽欢，莫使金樽空对月。天生我材必有用，千金散尽还复来"。

茶仙陆羽

陆羽，字鸿渐，复州竟陵人，是我国历史上以研究茶为名的大家。他虽然长相丑陋，且稍有口吃，但却极善于辩论。

陆羽的身世颇具传奇色彩。据说，当时，竟陵禅师智积在河边偶然发现一个正在啼哭的婴儿，于心不忍，便将其抱回寺庙中，抚养长大。父母为何人，全无所知。"陆羽"这个名字的来历也颇具有戏剧性。当时，虽自小在寺庙中长大，但陆羽不愿意随着师傅智积出家为僧。于是，他以《易经》为自己占卜，得到《蹇》卦中的《渐》卦。卦上说："鸿渐于陆，其羽可用为仪器。"由此，他以"陆羽"为名，以"鸿渐"为字。

陆羽嗜好喝茶，对茶的研究颇深。他的著作《茶经》三卷，是世界第一部茶叶专著。在这本书中，他不仅论述了茶的起源、烹饪方法、使用器具等，还考据了古今有关茶的故事，中国的茶区分布等渊源。也正是因为他，天下人开始懂得饮茶之道。那时，所有卖茶的商人都会在店铺中放置陶土制成的陆羽雕像，奉之为仙，每日拜祭。有时候，若顾客在店里购买了十件茶具，就会赠送一具小型的陆羽雕像。他也曾在诗歌中写道："不羡黄金罍，不羡白玉杯。不羡朝入省，不羡暮登台。千羡万羡西江水，曾向竟陵城下来。"对于《茶经》的创作，他不是闭门造车，而是跋山涉水，辗转多地，进行实地考察，以充实现有资料。

可以说，陆羽《茶经》的问世，开启了一个茶的时代，不仅对中国茶文化，乃至对世界茶文化都影响深远。

口蜜腹剑李林甫

李林甫是唐玄宗时期有名的奸相，玄宗对他的信任源于爱妃武惠妃。当时王皇后被废，皇后之位一直悬而未决。虽然玄宗有意立武惠妃为后，因武惠妃是武后一脉，朝中一片反对之声，只能作罢。也正因此，武惠妃便将希望寄托于儿子李瑁身上。于是，她与李林甫密谋策划先是废掉了当时的太子李瑛。但玄宗最终未能如他们所愿，转而立了长子李屿为皇太子。可见，在太子废立这件事上，李林甫是选错了阵营。但恰恰此时，杨玉环的出现，又改变了他的命运。玄宗自此无心国事，只顾儿女情长，便将一切国政大事交于李林甫处理。

李林甫在朝时，对于那些才能、功劳比自己高的大臣，或是受玄宗信任的大臣，他都千方百计地加以排挤、打压。尤其是那些文学之士，他表面上与这些人亲密无间，满是称赞他们的言语，但暗中却以阴谋诡计排挤他们。因此，世人皆道李林甫"口有蜜，腹有剑"。

当时，朝中还有另外两名宰相，张九龄、裴耀卿。这二人博学多才、文采飞扬，且都是刚正不阿之人。唯独李林甫才学浅薄，只会阿谀奉承。因此，每当玄宗召见三人商议国事时，李林甫边逢迎圣意，边挑拨玄宗与另二人的关系，以此排挤二人。

而每当玄宗夸奖其他大臣时，他都表面赞许，暗中则设计陷害，欲除之而后快。天宝元年（742）的一天，玄宗在勤政楼宴请群臣。兵部侍郎卢绚垂鞭按辔，骑马横过楼下。玄宗见其风标清粹，不禁赞不绝口。李林甫常常厚以金帛贿赂玄宗的左右侍从，玄宗的一举一动都十分清楚。于是，立即以政事之名召见了卢绚，说："听说你向来名望清崇，今交、广两地十分缺人才，圣上打算让你前去出任。若你不想远行，则当左迁。不然，以宾、詹分务东洛，亦优贤之命也，怎么样？"卢绚十分惶恐，以宾、詹为请。到官没多久，又诬陷他身体有疾，州事不理，于是又降为詹事、员外同正。

李适之精明强干，后来替代牛仙客为左相。每每与李林甫针锋相对，李林甫便密告玄宗，说李适之好贪杯，这样会延误国事。还曾经以金矿之事设计陷害李适之，李林甫对他说："华山有金矿，储量丰富，如果可以开采，国库可以得到充实。"于是，李适之将此事告诉了唐玄宗，玄宗为此事征求李林甫的意见。李林甫深知玄宗迷信灵气之言，于是，便对玄宗说："华山乃是王气所在，怎么可以开凿。提这种意见的臣子忠心何在？"玄宗听后，对李适之很是不满。不久，就罢免了他的官职。

天宝三年（744），户部尚书裴宽向来受到玄宗器重，李林甫担心他会被提升为宰相，故对他十分忌惮。适时，刑部尚书裴敦复击海贼还，受人之托，广序军功，裴宽没有上奏这件事。李林甫知道后，跑去跟裴敦复说："君速奏之，勿后于人。"裴敦复便以五百金赂女官杨太真之姊，拜托她上奏玄宗。裴宽因此遭连坐，被贬为睢阳太守。

天宝十一年（752），李林甫因病去世。有人揭发他的罪行，说他诅咒玄宗。于是，玄宗褫夺了李林甫的官爵，没收其全部财产，将他的家人全部流放。

弄权乱政杨国忠

杨国忠，本名杨钊。因图谶有"金刀"二字，与"钊"字重合，杨钊故上书请求更名。于是，玄宗赐名"国忠"，取"为国效忠"之意。

杨国忠本是游手好闲之辈。某一天，他突然发愤图强，应征入伍，投靠了蜀军。然而，其性格不得上级喜爱，遂官路一直未见起色。天宝初年，因堂妹杨玉环备受玄宗宠爱，杨国忠也因此平步青云。可以说，整个杨氏一族的兴衰荣辱，与杨贵妃个人的受宠程度息息相关。

天宝十一年（752），李林甫去世后，杨国忠被任命为右相。任职宰相期间，杨国忠在朝野中，可谓是呼风唤雨，大肆揽权，文武百官是敢怒不敢言。

天宝十二年（753），由于连续的水旱灾情，导致关中地区出现饥荒。京兆尹李岘因不屑于与杨国忠一派为伍，遭到打压。杨国忠将饥荒之责全数归咎于他。九月，京兆尹李岘被贬为长沙太守。玄宗担心雨水过多，贻误庄稼生长。杨国忠以长势良好的庄稼愚弄玄宗，道："虽然经常下雨，但并没有影响庄稼的生长，"玄宗信以为真。虽然朝堂中仍然有官员上奏水灾实情，但都被杨国忠派御史秘密处理了。以后，百官再也不敢上言灾情严重之类的奏章了。

杨国忠为追求功绩，一味地对边境的少数民族地区征战，在他任宰相期间。唐朝曾两次发动征讨南诏的战争。天宝十年（751）四月，杨国忠推荐鲜于仲通为益州长史，令其率精兵八万征讨南蛮。仲通分兵二道出戎、嶲州，至曲州、靖州，与阁罗凤战于泸南，全军陷没。杨国忠掩其败状，只向玄宗奏叙其战功。

　　随后，杨国忠又再次请求发兵攻打南诏。玄宗便命令在长安、洛阳、河南、河北各地广泛招兵，一时间哀鸿遍野。天宝十三年（754）六月，杨国忠命侍御史、俞南留后李宓率兵七万，再次攻打南诏。李宓率军渡过泸水，被阁罗凤所诱，深入至和城。然南诏军避城不战，拖延至李宓粮草用尽。唐军不战而败，士卒罹患瘴疫及饥死者达十之七八。无奈只得班师回朝，可南诏乘胜追击，李宓被擒，全军覆没。杨国忠又再次隐瞒了这失败的军情，反而是以捷报上言。数次的边境征战，不仅让无数将士战死异乡，同时也让边境百姓不得安宁。

　　杨国忠还把持着选官大权，为了笼络人心，扩大自己在朝堂上的势力，不管贤能与否，皆以资历派官。只要是当官的年限较长，就会得到重任。按唐朝体制，若宰相兼兵部或者吏部尚书，选官应交给侍郎以下的官员办理，须经三注三唱，反复考验，方可任命其他官员。但只手遮天的杨国忠，哪肯放弃这笼络人心的大好机会。他早早就将要选拔的人名写在纸上，然后让主持选拔的官员，按名单录取提升。之后，又将相关官员集结到尚书省对注唱，一天就完成了所有流程。流程完毕后，杨国忠便当着大家的面说："左相和给事中都在座，就算经过门下省了。"于是，门下省不再复查选官，选官大权便由杨国忠一人垄断。

高仙芝镇守西域

高仙芝不仅长相英俊儒雅，且勇敢果决，善于骑射。年少时，跟随父亲高舍鸡至安西，因父有功被任命为游击将军。二十多岁就升至将军，与其父亲同朝为官。高仙芝先后在安西节度使田仁琬、盖嘉运手下谋事，但并未受到重用。直至夫蒙灵察担任节度使时，方才受到提拔。开元末年，被任命为安西副都护、四镇都知兵马使。

当时，吐蕃与小勃律和亲，将公主嫁于小勃律国王。由是，西北二十余国皆被吐蕃所控制，断绝了西北诸国对大唐的朝贡之路。连续的几任安西节度使都曾派兵征讨，然都未成功。于是，公元747年，高仙芝在玄宗的任命下，率兵马数万人，前往征讨。高仙芝所率大军自安西行，先到达拨换城，然后到达握瑟德，之后到疏勒，翻过葱岭，到达播密川，历经约三个多月，才到达小勃律的特勒满川。

到达小勃律后，高仙芝兵分三路：疏勒守将赵崇玼统三千骑自北谷入，拨换守将贾崇瓘自赤佛堂路入，自己则与中使边令诚自护密国入。三军约定，七月十三日辰时在吐蕃连云堡会师。

吐蕃连云堡中有守兵数千人，城南十五里以山为屏障，有屯兵八九千人。当时，连云堡城下的婆勒川水势大涨。高仙芝首先以三牲祭河，命诸将选好兵马，每人带满三日干粮，欲在清晨时分渡河。连云堡守将以为婆勒川难渡，遂很是狂妄。谁知，高仙芝所率大军竟然人不湿旗，马不湿鞯，顺利渡河，连云堡守将们皆大吃一惊。仅仅一上午的时间，高仙芝就攻占了连云堡,杀敌五千人,生擒数千人,缴获近千余马匹和不可计数的军资器械。

由于监军边令诚畏惧,不敢乘胜追击。于是,高仙芝让边令诚率军中羸弱之兵三千余人留守连云堡。他自己则率领大军,继续向南行。三日后,先到达坦驹岭,之后到达阿弩越城。小勃律国王和吐蕃公主连忙逃入石窟中。与此同时,为了阻止吐蕃大军的援救,高仙芝令元庆斩断藤桥。

天宝六年(747),勃律王及吐蕃公主被高仙芝所俘。高仙芝大军将勃律王及吐蕃公主先是押至连云堡,与边令诚等会师。也正是因为高仙芝成功攻占了小勃律,随后受吐蕃控制的其余小国也竞相向唐归顺。

唐后期：千疮百孔 苟延残喘

安史之乱：安禄山起兵

唐玄宗统治后期，随着李林甫的去世，杨国忠与安禄山二人都凭借着玄宗对杨贵妃的宠爱，一路平步青云。然而，这两位位高权重的人却是势同水火。杨国忠曾多次在玄宗面前进言安禄山造反，可玄宗始终是不以为意。

玄宗对安禄山之所以会如此深信不疑，主要在于安禄山善于装憨卖傻，投玄宗所好。有一次，安禄山见太子却不跪拜。他说："臣是胡人，不懂朝廷礼节，不知这太子是个什么官职？"玄宗说："太子是储君，将来是要成为皇帝的。"安禄山恍然大悟似的，答道："我太愚蠢了，只知道天下唯陛下一人，没想到还有储君啊。"再如，玄宗曾指着安禄山那大腹便便的肚子，问道："里面装的是什么？"安禄山回答道："没有其他东西，只是一颗忠爱陛下的心而已。"玄宗因此以为安禄山只忠于自己，便更加宠爱于他。

正是这份信任，安禄山被重用，一人兼任平卢、范阳、河东三镇节度。纵使传言他造反，玄宗也认为是诬陷之言。最终，这份纵容招致了安禄山的坐大。天宝十四年（755）十一月九日夜里，安禄山集结所率部队，包括罗、奚、契丹、室韦等少数民族士兵，共十五万人，对外号称二十万，在范阳起兵造反。

第二天早晨，安禄山在城南，大张旗鼓地检阅军队，以讨伐杨国忠为名。安禄山乘坐铁车，带领着精锐的步骑浩浩荡荡地向长安进发。当时，海内承平日久，百姓们早已多年不经战事，突然间听闻范阳兵起，都十分震惊。

而安禄山之军自河北南下，所过州县皆望风瓦解。守城官员有的开城门迎接，有的则是弃城而逃。一路南下可谓是势如破竹，很快就控制了河北之地。这时，有人上言奏报安禄山造反，而唐玄宗依旧认为是厌恶安禄山的人编造的假话，不予理会。

当时，安禄山刚到达藁城，常山太守颜杲卿力不能拒，于是与长史袁履谦出城迎接。安禄山遂赏赐杲卿金紫，以其子弟为人质，仍旧任命其为常山太守。但颜杲卿在安禄山率军进攻洛阳时，与袁履谦谋划起兵讨伐安禄山。他们杀掉了安禄山安排在此的守将，树起反抗旗帜。一时间，河北诸郡响应，一共有十七个郡县归属朝廷，士兵数达二十余万。而依然依附于安禄山的郡县，只有范阳、卢龙、密云、渔阳、汲、邺六郡。

但是此次反抗，并没有等到援军，旋即被史思明击败。颜杲卿率众昼夜抗敌，直至粮草尽绝，终究是被叛军攻陷了。颜杲卿等人被带到洛阳安禄山处，即使手脚皆被砍断，依然对安禄山骂声不绝。

至德元年（756）正月，安禄山自称大燕皇帝，正式建立了与大唐对立的政权。

安史之乱：截舌不屈

颜杲卿，唐朝著名书法大师颜真卿的兄长，也是安史之乱爆发后，起兵反抗叛军的第一人。

天宝十四年（755），安禄山率军攻至藁城，常山太守颜杲卿自知寡不敌众，遂与长史袁履谦商议，出城迎接安禄山，以示归顺之意。安禄山虽未有所怀疑，但还是将他的家人留在了军中作为人质。安禄山一面让颜杲卿继续担任常山太守，一面又让亲信李钦凑率数千名士兵固守井陉口。常山郡位于河北中部，沟通范阳与洛阳，同时向西至井陉口便可直通太原这一交通要塞。

在见过安禄山后，颜杲卿知道安禄山对常山是稍稍放松了警惕，便开始着手谋划起兵征讨之事。一方面，他秘密派人联络河北各地的反抗力量，如太原守将王承业等。另一方面，又秘密谋划拔掉安禄山在井陉口安置的亲信李钦凑之众。

当时，安禄山正筹备攻打洛阳之事，派出金吾将军高邈前去范阳征兵。颜杲卿借机邀李钦凑来常山商议军务。日暮时分，李钦凑带着少量侍卫如约到达了城门外。颜杲卿派出袁履谦、冯虔等人前去接待。一路的舟车劳顿，在酒食妓乐的慰劳下，李钦凑等人逐渐卸下了所有的防备。早已酩酊大醉的他们，哪会想到这温柔乡就是致命的匕首。手起刀落间，李钦凑的头颅与身体已是一分为二。余党皆无所遁逃，亦被斩杀。由此，颜杲卿正式与安禄山划清了界限，树起了反抗的旗帜。之后，颜杲卿派出冯虔在藁城，将从范阳征兵而归的高邈擒获。在醴泉驿站，派出崔安石与崔万德将叛军骨干何千年也擒获。颜杲卿占领了井陉口后，河北诸郡云集响应，十七郡重归于朝廷，兵力合计二十余万，而安禄山所控制的只有范阳、卢龙、密云、渔阳、汲、邺这六郡。

可惜的是，颜杲卿才起兵八日，守备还未完全成型，正欲攻打潼关的安禄山听闻河北诸郡反抗之事，领兵回到了洛阳。

随后，史思明、蔡希德带兵围攻颜杲卿。颜杲卿向太原求救，但守将王承业拥兵不救。颜杲卿不分昼夜地抵抗，直至粮尽箭竭。无奈实力悬殊，粮草兵马不足，最终城被攻陷了。

进入城后，叛军屠杀了数万余常山百姓，将颜杲卿与袁履谦等人押至洛阳。到达洛阳后，安禄山数落道："你本不过是范阳户曹，我一路提拔你为判官、为太守，你为何要有负于我，反叛我呢？"颜杲卿瞠目骂道："你本为营州的牧羊羯奴，天子提拔你为三道节度使，可谓是恩宠无比，你又为何要反叛呢？我为国讨贼，只恨不能斩杀你。"安禄山听后，大怒，将颜杲卿等人绑在柱子上，凌迟处死。颜杲卿、袁履谦等人临死也毫无畏惧，怒骂不止。最终，颜杲卿被割舌头，即使满口鲜血，也不停止怒骂。

事实上，颜杲卿等人的反抗功劳，一直未被朝廷所知晓。当时，颜杲卿让其子颜泉明与贾深、翟万德、张通幽等人将叛将李钦凑首级及何千年、高邈押送京师，由肃宗处置。到达太原时，张通幽与守将王承业密谋，欲窃功劳，扣留了颜泉明等人，重新派人赴京师，冒领此功。

一直到李光弼和郭子仪收复常山时，颜杲卿等人抵抗叛军的真相才浮出水面。

安史之乱：马嵬之变

安禄山起兵后，唐军则节节败退。当时，哥舒翰率二十万将士固守着长安的最后一道防线——潼关。由于战争突发，这二十万大军多是临时组建，本就不堪一击。幸而潼关天险，才得以延缓安禄山的进攻。然而，杨国忠此时依然忌惮哥舒翰，怀疑他拥兵自重。遂上言玄宗，逼迫哥舒翰出关作战。

至德元年（756）六月，哥舒翰被俘，潼关失守，长安门户大开。眼看安禄山大军即将杀入长安，玄宗急忙与众臣商议对策。玄宗一边重新布防各路守军，一边决定御驾亲征，平定叛乱。事实上，玄宗只秘密安排龙武大将军陈玄礼整顿好六军，挑选了九百余马匹，以备逃亡所用。黎明时分，玄宗带着贵妃姊妹、皇子、皇妃、皇孙、杨国忠、左相韦见素、京兆尹魏方进、陈玄礼及亲近宦官、宫人，由延秋门向西蜀仓皇逃去。第二日，百官上朝，这才发现帝王早已消失得无影无踪。

漫漫的逃亡路上，玄宗仍忘不了帝王的排场，派遣宦官作为先头部队，到前方命诸郡县备好接驾事宜。然而，兵荒马乱之际，早就是逃的逃，死的死，哪还有什么锦衣玉食以供上用？到达咸阳望贤宫时，正值中午用膳时刻，宫城内早已是空空如也。久未进食的玄宗已是虚弱不已，杨国忠适时献上胡饼以充饥。随后，又从百姓那里获得了一些麦豆煮的粝饭充饥，皇孙辈争相用手捧着吃起来，片刻便风卷残云般吃光了所有食物，依然未有饱腹感。

长途行军，饥肠辘辘，到达马嵬时，上至皇帝下到士卒，都是人困马乏，无力前行。

因叛军以诛杀杨国忠为口号，陈玄礼认为要想叛乱平复，必先杀杨国忠，遂将此想法由东宫宦官李辅国告知了太子李亨。然而，太子一直犹豫未决。

当时，一行二十余人的吐蕃使者本欲打算去长安朝拜。恰巧于此地碰到玄宗一行，玄宗便派杨国忠与吐蕃使者会面言事。不料，军中立即传出杨国忠谋反的言论。于是，还未等查问清楚，将士们就以杨国忠与吐蕃谋反之由，强行射杀了。随后，他的儿子户部侍郎杨暄及韩国夫人和秦国夫人也都被斩杀。而杨国忠的妻子裴柔与其幼子晞及虢国夫人一起逃到了陈仓，被县令薛景仙捕获，也未逃过被杀的命运。

这时，众将士将马嵬驿站团团围住，正在休息的玄宗听闻外面的声响，便向随侍询问缘由。左右侍从回答道。是宰相杨国忠造反。然而，杀掉杨国忠后，将士们依然不肯罢休，无奈，玄宗只得倚着拐杖，亲自走出驿站，慰劳众将士，并下令收队。可众将士依旧无动于衷。玄宗让高力士前去询问，陈玄礼说："杨国忠以谋反之名处理了，那贵妃就不适合随驾左右，希望陛下能够舍爱，就地正法。"玄宗很是为难，说："朕自己会处理的。"说完，便转身回到了驿站内，久久未言半语。

京兆司录韦谔进来，言道："今日是众怒难犯，是安是危，就决于此，希望陛下尽快决断。"随即，不停地叩头，额头血流不止。玄宗说："贵妃常居深宫，怎会知道杨国忠谋反之事呢？"高力士说："贵妃本是无罪，然将士已杀国忠，而贵妃又侍奉在陛下左右，又怎会心安呢？希望陛下审慎斟酌，只有将士们安心，陛下才能安稳啊。"

最终，玄宗只得让高力士将杨贵妃带到佛堂缢死。之后，将贵妃的尸首放置于驿庭间，玄礼等人被召入内。愤怒的士兵们随着贵妃的死也逐渐稳定下来。于是，军队重新整装，继续护送着玄宗向西出发。

安史之乱：肃宗即位

安禄山起兵后，玄宗仓皇率众逃亡西蜀。在马嵬驿站，太子李亨与玄宗分道而行。玄宗继续前往西蜀，而太子李亨则选择留了下来，他受玄宗之命出任天下兵马大元帅，担负起平乱重任。

李亨一行人原本打算先回长安，但未能成功，随即转至灵武。当时，裴冕、杜鸿渐等人上谏太子，即皇帝位，太子并未答应。前后共上谏了五次，太子这才点头。至德元年（756），李亨在灵武城南楼即位，是为唐肃宗，遥尊远在成都的玄宗为太上皇。事实上，肃宗登基时，尚未获得传国玉玺。即位之后，才派使者前往西蜀，向玄宗求得。可以说，肃宗即位是事后才得到玄宗认可的。

李亨即位后，发起了全面的平叛，当务之急的就是收复长安。他从河北战场调回郭子仪部队，准备集中兵力进攻长安。然而，安禄山的军队战斗力过强，两军交战屡陷僵局。于是，肃宗便派人前往回纥，商议借兵之事。

至德二年（757），安禄山内部出现内乱。安禄山因继承人问题，被其子安庆绪杀害。于是，肃宗抓住机会，由元帅李俶带领郭子仪和李光弼等唐军，配合回纥士兵，号为二十万大军，再次发起反攻。同年六月与十月，长安与洛阳先后被收复。

回纥出兵之时，肃宗曾允诺，收复洛阳后，土地归唐所有，其他一切财宝等，回纥士兵可尽情抢掠。由是，回纥士兵不愿再继续进攻。而从洛阳逃出去的安庆绪在安阳重整队伍。唐军再次进攻之时，已是乾元元年（758）九月了。这时,从范阳赶来救援的史思明已与安庆绪汇合。

然而,郭子仪和李光弼受到肃宗的猜疑,一切军中事务都由太监鱼朝恩说了算。三月,双方在相州展开了拉锯战。鱼朝恩丝毫不懂用兵之道,致使唐军惨败。而事后,又将失败之责全数推给郭子仪。肃宗不辨是非,就罢免了郭子仪。

不久,叛军内部又再次发生内讧,史思明杀掉了安庆绪,于乾元二年(759)宣布登基为大燕皇帝。当时,史思明攻占了洛阳。此时的洛阳,经历多次的战火洗劫,已是一穷二白。唐军加强了洛阳以西一带的防卫,以免史思明继续西进。上元二年(761),史思明也因继承人问题,被其子史朝义杀死。

肃宗在位时,重用宦官鱼朝恩、李辅国等人,操纵军政大权,宦官势力日益嚣张。同时也任由宠爱的张良娣干涉国家大事。当时,建宁王李倓多次向肃宗谏言,李辅国与张良娣结党营私。李辅国与张良娣怀恨在心,反诬建宁王"恨不得为元帅,谋害广平王"。于是,肃宗一怒之下,赐死了建宁王李倓。

公元762年,肃宗染病,不能主持朝政。后因玄宗驾崩,更加悲痛欲绝,加重了病症。张良娣本欲借太子李豫之手,除掉李辅国等人。然而,太子未答应。于是,便和越王李系商议,暗杀李辅国。李辅国接到密报,先发制人,不仅抓捕了李系,还带人追捕张良娣至长生殿。张良娣吓得瑟瑟发抖,向病榻上的肃宗求救。谁知,肃宗经此一吓,病情急剧恶化,当天便驾崩了。

唐肃宗李亨于危乱之际继承大统,虽未完全平定安史之乱,但也不能忽视他在平叛过程中的决断作用。但李亨任用宦官,放任宦官势力坐大,也为唐的衰落埋下了伏笔。

安史之乱：草人借箭

至德元年（756）二月，谯郡太守杨万石投降安禄山，并且还逼迫当时任职真源县令的张巡向西前去迎接安禄山大军。大军即将压境，聚集于玄元皇帝庙前的一城百姓及官吏无不悲痛欲绝。县令张巡见状，决心起兵反抗安禄山，众人纷纷响应。张巡从中挑选了精兵千人，向西到达雍丘，与贾贲会合。

当时的雍丘县令令狐潮早已反叛大唐，并受命东击淮阳救兵，在与淮阳兵交战之时，贾贲乘机攻占了雍丘。反应过来的令狐潮随即领着叛军精兵进攻雍丘，贾贲不幸战死。于是，张巡兼领了贾贲的部队，力战叛贼。

三月，令狐潮又与李怀仙、杨朝宗、谢元同等人集结了四万余众，在雍丘城下挑衅守军。城中军民见叛军如此气势，无不意志消沉。张巡鼓舞道："贼兵精锐，必有轻视我军之念。如果能出其不意，他们一定会溃不成军。叛贼受此折损，雍丘城自然可以守住。"

于是，城内守军兵分两路，各为千人小队，张巡自率一队，身先士卒，直冲贼阵。贼军节节败退。第二天，叛军又来攻城，不仅在城周围架起了数百座投石砲，还搭起梯子准备登城。张巡命人将扎好的草蒿都浇满油脂，燃烧后沿着城墙投下去，使得叛军久久不能登上城楼。随后，又趁着叛军休息或夜晚时刻，突袭贼营。在雍丘城内，张巡之部如此坚守了六十余日，共打了大大小小三百余次战役。将士们不分昼夜，时刻准备着，带甲而食，裹疮复战，将叛军一次次的猛攻都扛了下来。

五月，令狐潮并未死心，又带兵前来攻打。首先，令狐潮欲以劝说之术不战而胜。他在城门外，苦口婆心地对张巡说："天下事去矣，足下坚守危城，为的是谁啊？"张巡回答道："足下平生以忠义自许，今日之举，忠义何在？"令狐潮惭愧，遂退了回去。

张巡孤城苦守，然而唐援军却久久未能到达。一方面，他手下的士兵逐渐丧失了信心，有六名军中大将一起劝说张巡投降；另一方面，令狐潮听闻玄宗已经向蜀逃亡，又再次送上文书，招安张巡。张巡佯装答应。第二天，他召集众将士，在堂上设了天子画像，将那六名大将在画像前斩首示众，众人见将军心意坚定，军心遂稳定下来。

当时，连月作战，城中的弓箭已经用尽。于是，张巡命士兵束了一千多的草人，然后为这些草人穿上黑色衣服，在夜晚时刻，将草人吊下城墙。叛军见一个个黑影越墙而下，误以为是城中夜晚前来偷袭，立即引箭射之。过了许久，叛军才发现居然是草人。张巡命人将草人拖上城墙，轻而易举便获得了数十万的弓箭。第二天夜里，张巡精选了五百死士，用绳索将他们吊下城楼。当时，叛军以为又是草人的把戏，一笑置之。于是，这五百死士乘其不备，突袭叛军大营，叛军大乱，仓皇而逃。

安史之乱：睢阳血战

至德元年（756），鲁、东平、济阴之地，均被叛贼攻陷。叛将杨朝宗率骑步兵二万人马，准备突袭宁陵，意在斩断雍丘张巡后路。有道是唇亡齿寒，张巡遂率部离开雍丘，前往宁陵救援。在宁陵，与睢阳太守许远合力，经昼夜数十合的会战，斩杀万余敌兵。遍地尸骸，塞汴河而下。叛军连夜收兵逃遁。

至德二年（757）正月，安庆绪任尹子奇为汴州刺史、河南节度使。刚上任的尹子奇便率领十三万大军急不可待地进攻睢阳，这支军队是由归、檀及同罗、奚少数民族组成的。睢阳太守许远寡不敌众，向张巡发出求救文书。张巡即率领三千人马，从宁陵入睢阳，援助许远，双方兵力也不过六千余人。

许远深知张巡的指挥能力，便将军队大权全数交给他，自己则负责调配军粮，修整战具等事务。当时，双方兵力敌众我寡，且叛军全力攻城。作为首领，张巡亲自鼓舞士兵们，即便昼夜苦战，也要坚守此城。如此与敌军僵持下去，有时一天之内就要大战二十回，连续作战了十六天后，擒获敌将六十余人，斩杀士卒二万余人，叛军无奈只得趁夜逃窜。众将士皆为之一振。

三月，叛军将领尹子奇率军卷土重来。张巡对将士说："我因承蒙国恩，即使战死也在所不辞。但诸位将士为国献躯，曝尸荒野，连论功奖赏都未必能排得上，实在让我很心痛。"于是，为犒劳众将士，在大战前夕，将耕牛分食。待全军吃饱喝足后，出城迎战。由张巡亲自执旗，诸将士直冲敌阵，无所畏惧。敌军的阵型被这洪水般的人流冲散了，一时间溃不成军。这一次，又斩杀了敌将三十余人，士卒三千余人，且乘胜追击近数十里。

五月，不甘心的尹子奇再次加兵，围困睢阳。张巡命人夜鸣战鼓，做出集兵出击的样子。叛军信以为然，通宵严阵以待。天亮之后，城内的战鼓声停止了，军队也没了动静。叛军远眺城内，未发现任何异样，遂安然解甲，呼呼大睡。

就在此时，张巡与将军南霁云、郎将雷万春等十余人，各率五十骑兵，开门杀出，直冲敌营。毫无防备的叛军们，阵脚大乱。此一战又斩杀了敌将士五千余人。张巡想要擒贼先擒王，但又不认识尹子奇。于是，割蒿草为箭，向敌军连射。敌军本就慌不择路，见弓箭飞驰，更是四处逃逸。中箭者却未伤，定睛一看，原来是蒿草，连忙奔向首领尹子奇。当尹子奇接过蒿箭，正在查看时，张巡命南霁云射杀。只听嗖的一声，利箭飞驰，直插其左眼。在众将的掩护下，落荒而逃。

七月，尹子奇再次征兵数万，攻打睢阳。敌军不仅粮草充足，又有源源不断的兵力增援。然而，此时睢阳粮草已近枯竭。将士们人均每日只得米一合，掺杂着茶纸、树皮以充饥。将士们是越打越少，如今只剩下一千六百人。

当时，许步冀在谯郡，尚衡在彭城，贺兰进明在临淮，但都拥兵不救。眼见睢阳危在旦夕，张巡便派南霁云带领三十骑兵，杀出突围，向临淮贺兰进明求救。贺兰进明不愿发兵，但又对南霁云十分赏识，于是设宴款待，想让他留下为己所用。

南霁云心忧睢阳，哪有什么食欲，便毅然咬断一个手指，作为前来的证据。在临淮，终是无功而返。之后，南霁云又辗转至宁陵，借到了三千步骑。可在临近睢阳时，被敌军发现，且战且行，死伤之外，仅得千人入了睢阳城。城中军民得知无人前来救援，皆痛哭流涕。而此时，叛军的封锁也是愈加严密。

连续的进攻，睢阳士卒只剩六百人，张巡、许远分城而守之，张巡守东北，许远守西南，与士卒同食茶纸。就是如此困难之际，依然有弃暗投明者约二百余人，前来跟随张巡，随他死战。

最终，睢阳还是被叛军攻陷了。张巡、许远等人都被俘。张巡被押送至尹子奇面前，尹子奇问道："听说你每战眦裂齿碎，这是为什么啊？"张巡答道："我志在打退逆贼，但无奈力不随心！"被俘将士无人投降，皆被斩杀。

隋唐：万邦来朝

安史之乱：代宗平乱

唐代宗李豫，初名俶，年十五封广平王，是玄宗的嫡长孙。马嵬兵变后，玄宗之众本欲继续向西前往西蜀，然而，百姓泣泪阻道请留。最终太子李亨在其子李俶和李倓的劝说下，与玄宗分开，北上至灵武。

随后，李亨在灵武登基称帝，为唐肃宗。当时，肃宗意欲以李倓为天下兵马元帅，统帅诸将东征平乱，问于李泌。李泌答道："建宁王确是元帅之才，但广平王是长兄，且尚未正位东宫。如今天下大乱，元帅之位自然是众人备受瞩目的。若建宁王平乱成功，陛下即使不立他为储君，那些追随他的人也是不肯答应的。太宗皇帝和太上皇不就是先例吗？"于是，肃宗任命广平王李俶为天下兵马大元帅。

李俶听闻后，向李泌道谢道："这也是李俶所希望的结果。"自此，李俶扛起了平乱的大旗。他将元帅府置于禁中，以李泌为侍谋军国、元帅府行军长史。当时军务繁忙，四方皆来奏报，从黄昏至天明，几乎没有停息的时候。

至德二年（757）九月，元帅广平王李俶率领朔方等军及回纥、西域之众十五万大军从凤翔出发，发起反攻。当时，肃宗为了尽快收复京师，与回纥相约：克城之日，土地归唐，金帛、子女皆归回纥。

破城之日，叶护想要履行约定，大肆掠夺一番。广平王李俶拜于叶护马前，说："而今刚收复长安，若马上抢掠财宝，在洛阳的百姓知道后，一定会和叛贼一起固守城池。这样收复洛阳就十分困难了。希望收复洛阳以后，你们再履行约定。"叶护听罢，慌忙跳下马来，跪谢道："臣应当为殿下铺就去洛阳的道路，再考虑自己的得失。"于是，与仆固怀恩带着回纥、西域之兵自城南而过，驻扎在浐水之东。长安的百姓和守城军士见到李俶，皆跪拜流泪，感叹道："广平王是真华之主！"肃宗听闻此事后，言道："朕比不上他啊。"

李俶带着部队井然有序地进了城，百姓老幼纷纷夹道欢呼悲泣。李俶在长安逗留了三日，慰问百姓。随后，又继续率领大军向东征讨叛军。次年，李俶被立为太子，改名为李豫。

宝应元年（762）四月，太子李豫继任皇位，为唐代宗。当时，叛军史朝义再次攻占了洛阳。于是，代宗任命雍王李适为元帅，统领河东、朔方及诸道行营、回纥等数十余万士兵，征讨史朝义。

雍王李适率诸军向洛阳进发，留鱼朝恩等镇守陕州。在洛阳北郊的横水大败叛军，俘斩六万余人。史朝义败逃冀州。由是，唐军顺利收复了洛阳、河阳等州。唐军更是一鼓作气北上，乘胜追击逃亡中的史朝义。后来，他的部将李宝臣、李怀仙等人，见史朝义大势已去，相继率部来降大唐。

广德元年（763），在唐军的攻势下，史朝义屡战屡败，田承嗣便劝说史朝义亲自前往幽州搬救兵，但当时范阳节度使李怀仙早已向唐投诚。史朝义到达幽州后，在城门外久久徘徊，进不得城内。眼看唐追兵将至，随从将士见回天无力，皆逃散而去。

此时的史朝义已是丧家之犬，无处可去。他想要向北进入奚、契丹境内，又有李怀仙的追兵。最终被追得无路可走时，他选择在范阳的树林间自杀了。李怀仙取其首级，献于仆固怀恩。

至此，安史之乱终于落下帷幕。随后，为了稳定全国局势，代宗对投降的叛军实施安抚政策，大封其首领为节度使，这也埋下了后来的藩镇割据的种子。

诗佛王维

王维，字摩诘。是开元九年（721）的进士，后官至尚书右丞，也被世人称为"王右丞"。

开元、天宝年间，王维的诗名远播在外。当时，诸王豪右对他无不恭敬有加，豪贵之府对他无不敞开大门。王维不仅擅长五言诗，同时他的画也是一绝。苏轼曾以"诗中有画，画中有诗"称赞王维的诗画。此外，王维也精通音律。当时有人得了一副《奏乐图》，但却不知其中所奏为何。王维看后说："这是《霓裳》第三叠第一拍。"为了验证王维之话的真假，有人便召集了乐工演奏，结果完全如其所说，遂佩服得五体投地。

除此之外，王维也是一个虔诚的佛教徒。除了平时只吃素，不吃荤腥外，他也从不穿戴华美的衣饰。他的妻子去世后，三十年独居一室不再娶，完全断绝了尘世间的羁绊。甚至临终之际，他还给弟弟王缙和身边的亲朋好友寄去书信，勉励他们潜心参佛修行。

至德元年（756），安禄山攻陷长安。当时，玄宗携贵妃等人秘密前往西蜀避难。朝中许多官员不知情，未能及时随驾而行，王维就是其中一位。王维被叛军擒获后，不愿同流合污，故服药使自己患上痢疾，之后又谎称自己有暗疾。安禄山听闻后，心生怜悯之情，但并未放他一马，而是派人将王维从长安接到了洛阳，软禁在普施寺中。

王维无计可施，被迫在安禄山阵营中担任了官职。有一次，安禄山在凝碧官大宴征战的将士。宴席间，声乐不绝于耳。这些舞乐之人多为玄宗时期的梨园子弟和教坊人员。听着这助乐之乐，看着这被迫为官的唐臣，王维感慨万分，于是便写下了一首《凝碧池》，以抒发内心的伤感之情："万户伤心生野烟，百官何日再朝天？秋槐花落空宫里，凝碧池头奏管弦。"

安史之乱被平息后，王维因在敌营中为官，被捕入狱。后来，肃宗听闻他在被俘时，曾创作《凝碧池》一诗，抒发亡国之痛，对此大加赞赏。加之他的弟弟王缙在平乱中有功，并表示愿意以自己的官职为他赎罪，王维这才得到宽赦。

当时，王维的弟弟王缙在朝担任宰相。代宗本人颇喜好诗文，有次问道："你的兄长王维是天宝年间很有名的诗人，我也曾读过这些诗文。不知道现在留下了多少。"王缙回答道："我的兄长在开元年间写下了百千余篇诗歌，但由于天宝乱事，大多都流失了。最近，通过亲朋好友们的搜集整理，辑录了四百多篇。"之后，王缙便把诗文上献给了代宗，这也是今日王维诗集的整理来源。

诗圣杜甫

杜甫年少时喜爱四处漫游。这期间，他曾偶遇李白、高适等人，几个人结伴同游，结下了深厚的友谊。

杜甫曾两次参加科举考试，以求入朝为官，然皆未果。天宝十年（751）正月，玄宗将举行祭祀太清宫、太庙和天地的盛典。杜甫便向朝廷献上了所作的《三大礼赋》，得到玄宗赏识，获得了待选官位的资格。

可是不久，安史之乱爆发，杜甫所期望的一切又成了虚无。至德元年（756）六月，潼关失守，玄宗仓皇西逃。七月，太子李亨即位于灵武，是为肃宗。杜甫听闻肃宗即位，慌忙前往武灵投奔肃宗，途中不幸为叛军俘虏，押至长安。

当时长安已被安史叛军焚掠一空，满目凄凉，杜甫不禁触景伤情，作《春望》一首，"国破山河在，城春草木深。感时花溅泪，恨别鸟惊心。"后来，杜甫以诗歌的形式记载了自己的所见所闻，其中最著名的就是"三吏"和"三别"。"三吏"分别是《新安吏》《石壕吏》《潼关吏》，"三别"分别是《新婚别》《垂老别》《无家别》。

之后，杜甫逃难至成都，投靠到剑南节度使严武麾下。在严武等人的相助之下，他在城西浣花溪畔，种竹植树，建成了一座草堂，世称"杜甫草堂"，也称"浣花草堂"。

杜甫之死，也是颇具戏剧性的。在蜀地无所依靠的杜甫，为了避乱，沿水路而下，辗转至荆、楚之地，最终寓居耒阳。杜甫经常流连于当地的岳庙。那天却不幸遭遇洪水,杜甫被困江中,长时间没有进食,已是饥饿难耐。耒阳当地的聂县令知道了此事,立即展开了援救行动,派人撑船将杜甫从江中解救了出来,又派人给杜甫送去了好酒好肉,饥肠辘辘的杜甫面对佳肴美酒,立即大饮大吃起来。谁知,竟因暴饮暴食,"一夕而卒于耒阳"。

隋唐：万邦来朝

魏博节度使田承嗣上位

广德元年（763），长达八年之久的安史之乱终于被平定，全国多数依附叛军的郡县都被收复。很多叛军首领都很识时务，接受了唐的招抚，田承嗣就是其中一位。

此时朝廷刚刚恢复，根本无力管制地方，又担心这些已归顺的叛军再生祸事，便就地安抚。基于这样的原则，代宗任命降将薛嵩为相卫昭仪节度使，管辖相、卫、邢、洺、贝、磁六州；田承嗣为魏博天雄节度使，统管魏、博、德、沧、瀛五州；李怀仙仍驻扎故地，为幽州、卢龙节度使；李宝臣为成德军节度使，管辖恒、赵、深、定、易五州，后又增领冀州。这其中除了相卫昭仪节度使安分守己，听从朝廷调度外，其余三位多是拥兵自重，形成割据势力，与朝廷对抗，史称"河朔三镇"。而在这三镇中，当属田承嗣屯兵最多。

田承嗣本是平州卢龙军中的一个小军官，后来因其胆识谋略，成为安禄山的得力干将。安史之乱后，接受朝廷招抚，被封为魏博节度使。田承嗣本人不习教义，又野心勃勃。虽承受皇恩，但依然暗自谋求发展壮大。一方面，他提高所管辖地区的税率，修缮兵甲；另一方面，统计所管辖之地的户口情况，老弱之人皆从事耕种，成丁力壮者皆被征用入伍。数年间，魏博镇便集结了数十万的兵力。他又选了一部分精锐编入他的自卫队中，称之为衙兵。

所管辖的郡邑官吏也都由田承嗣任命，魏博镇所有税收也从未缴纳给朝廷。而朝廷为了避免再生祸端，只能装作没发生，代宗甚至将永乐公主下嫁于田承嗣的儿子，企图拉近与他的关系。事实证明，一切招抚手段都是徒劳，野心的种子一旦萌芽，便会不断生长。

大历八年（773）九月，魏博节度使田承嗣私自给安禄山父子及史思明父子修建祠堂，并称他们为"四圣"。代宗听闻后，只是派遣内侍前往告知，尽快毁掉建筑，并未就此事多加责难于他。甚至在十月时，又加封田承嗣为同平章事。

朝廷的放纵态度让田承嗣更加肆无忌惮。他不仅暗中勾结淄青节度使李正己，挑拨李宝臣与幽州节度使朱滔的关系，还强行占领其他节度使的属地。大历九年（774）十月，田承嗣哄骗其他州的将领发起叛乱。他先后出兵攻陷了相州、卫州。当时，代宗命内侍孙知古前往魏博，告诫田承嗣恪守封疆，不得逾越他地，田承嗣拒不奉诏。其他各地节度使诸如李宝臣，李正己等人上书奏请征讨田承嗣。此时的代宗见田承嗣的野心愈加膨胀，无法招安，便也有削弱他的打算。

代宗一方面下令贬田承嗣为永州刺史，并派人前去送诏书。另一方面仍命河东、成德、幽州、淄青等诸道发兵，前往魏博，若田承嗣依然抗旨不遵，就继续征讨。但罪止田承嗣及其侄田悦，其余将士弟侄一切不问。田承嗣意欲反击，然此时部将却惧怕朝廷的大军，不敢出战。八月，他只得派遣使者入朝请罪。

纵然代宗想一次就改变藩镇割据的情况，但魏博强大的军事实力还是令朝廷有所忌惮。所以田承嗣依然得到了朝廷的宽容，命其仍驻守魏博。大历十一年（776）正月，代宗派出谏议大夫杜亚前往魏州安抚田承嗣的情绪。二月，代宗又下诏赦免了田承嗣的一切罪责，恢复其官爵。大历十四年（779）二月，魏博节度使田承嗣去世。虽有十一个儿子，但因侄子田悦的才能，田承嗣临终时任命他承袭其位，而命诸子辅佐之。

田承嗣占据一方，不仅掌握着地方的行政大权，还拥有军事实力，公开与朝廷叫板，最后甚至世袭职位，开启了藩镇割据的时代。

仆固怀恩叛乱

在安史之乱的平定中，仆固怀恩可谓是战功显赫，不仅曾两次收复两京，平定河南、河北，他的家族一门中有四十六人为国捐躯，而且甘愿远嫁爱女，只为回纥出兵相助大唐。因此，仆固怀恩因功被代宗封为河北副元帅、朔方节度使。

广德元年（763），仆固怀恩奉命护送回纥可汗等回漠北。可这一事却成了河东节度使辛云京和太监骆奉仙口中的"意图谋反"。二人联合向代宗弹劾仆固怀恩，耿直的仆固怀恩哪里受得了这份委屈。他上书代宗，表明自己对大唐的忠心。

代宗感念其复唐的功劳，派宰相裴遵庆前去慰问。见到裴遵庆后，仆固怀恩痛哭流涕，直喊冤枉。裴遵庆让他入朝当面说明。可将行之时，怀恩副将范志诚前来劝阻。他说："将军既已知被朝廷猜疑了，为何还要以身犯险呢？您难道想要步李光弼等人的后尘吗？"仆固怀恩听后，思考良久，便以事为由，不肯入朝。这一诬陷事件，不仅成了仆固怀恩心中难以磨灭的伤痕，也成了他与大唐关系土崩瓦解的催化剂。

同年十月，吐蕃发兵攻占长安。代宗逃至陕州，命仆固怀恩前来救驾，可仆固怀恩始终按兵不动。那时的仆固怀恩觉得自己如今被朝廷猜疑，都拜辛云京所赐。于是，广德二年（764），他欲与河东都将李竭诚联合攻打驻守太原的辛云京。但此事被辛云京察觉，事先处决了李竭诚。随后，仆固怀恩命其子仆固玚出兵攻打太原、榆次等地。最终，不敌唐军，被郭子仪所镇压。

经此一役，仆固怀恩在造反这条不归路上越走越远。当时，代宗虽然下诏罢免了仆固怀恩的职位，但又于心不忍，仍封他为大宁郡王，命他入京觐见。可仆固怀恩依旧以为是朝廷杀他的圈套，拒绝朝见。同年八月，仆固怀恩又联合回纥、吐蕃两军直逼奉天，京师全线戒严。

这天夜里，郭子仪在乾陵之南备兵应战。怀恩以为唐军毫无准备，正欲偷袭。突然间看见整装待发的郭子仪大军，十分惊愕，连忙率军撤退。郭子仪命李怀光等人率五千骑乘胜追击。为躲避追击，怀恩之军转而进攻邠州之地，但久攻不克，只得退兵。

永泰元年（765）九月，在仆固怀恩的煽动下，回纥、吐蕃、吐谷浑、党项集结数十万兵马，侵扰大唐边境。各军分道而行，吐蕃从北道进攻奉天，党项从东道进攻同州，吐谷浑、奴剌之众则从西道进攻盩厔，回纥大军则跟随吐蕃军之后同时进攻。当然，仆固怀恩也亲率了朔方兵参与其中，位列回纥与吐蕃军两军之后。

不幸的是，大军行至鸣沙时，怀恩突发暴疾而死。失去核心的朔方军陷入了争夺指挥权的泥沼中。先是他的大将张韶代替其位，而后又被另一名大将徐璜玉篡夺将位，之后范志诚又杀了徐璜玉，登上将位。

为期三年的仆固怀恩之乱，给大唐边境造成了深重的灾患，百姓流离失所，无法安居。但即便如此，代宗仍然感念他的功劳，不曾下诏定他谋反。甚至在听闻仆固怀恩死时，还惆怅地对左右言道："怀恩没有造反，只是受了别人的蒙蔽、诬陷罢了。"

郭子仪只身入敌营

永泰元年（765），仆固怀恩再次勾结吐蕃、回纥等发起叛乱。代宗急招郭子仪前往抵抗。当时，吐蕃曾多次侵扰唐边境，甚至于广德元年（763）兵临长安，致使代宗逃至陕州。郭子仪明白，只有与回纥联合，才能打击虎视眈眈的吐蕃，这场战争也才能最终结束。

于是，他决定只身前往回纥大营，劝说回纥可汗，共同抗击吐蕃。麾下将士知道后，劝谏道："戎狄之心，不可相信，请元帅三思啊。"郭子仪说："如今虏寇有数万之众，单靠我们的力量根本是无法与之正面一战的。不是说，至诚能感动神灵嘛，何况是敌寇之辈！"随后，郭子仪只带着贴身侍卫前往回纥大营。他的儿子得知后，言道："如今，敌军如狼似虎，您作为元帅，怎可以身犯险呢？"郭子仪回答道："而今国家正处于危急时刻，若我诚心去劝降，或许还有一线生机，以一人之性命，获取国家之安定，又何乐而不为呢？"

郭子仪到达敌营前，回纥人十分震惊，忙做出作战准备，弓箭手纷纷拉满弓箭对向前来的郭子仪。

回纥人大喊道："来者是谁？"

随从士兵答道："郭子仪。"

回纥人十分疑惑，道："仆固怀恩不是说大唐皇帝和郭令公已经逝世了吗？"观察许久后，才确认来者确是郭子仪。随后，纷纷下马叩拜——郭子仪曾在收复两京时，与借来的回纥兵一同作战，回纥人对他都十分尊敬。

进入回纥大营后，郭子仪对回纥可汗好言劝道："回纥军曾相助唐军平定安史之乱，收复东西二京。为什么现在要不顾之前的友好情谊而相助叛军呢？"在郭子仪合情合理的劝说下，回纥可汗决定与大唐重新结盟。

理财专家刘晏

安史之乱后,数年间百姓流离失所,人口锐减。各郡县又多被藩镇势力所占据,地方赋税年年不交,加之外族多次侵扰大唐边境,还需大量军费开支,国库开销几尽耗竭。宝应元年(762),刘晏被任命为户部侍郎兼京兆尹,统管度支、转运、盐铁、铸钱等各项事务,重振经济,以恢复国力。

首当其冲的就是亟待整治的漕运。自战乱以来,由于汴水遭废,自江、汉到梁、洋的漕运,不仅路程迂回艰险,花销甚大,造成粮食无法及时运往北方,关中粮价暴涨。这时,刘晏被任命为河南、江、淮转运使,不仅疏通了阻塞已久的汴水,建造了两千艘坚固的大船以供粮运,还以书告诸道节度使疏通漕运的利弊,各地纷纷积极配合。自此之后,每年都有数十万石的米被运送至关中地区。

其次是改革盐政。不仅大力简化盐务机构,还及时调整食盐专卖制度,改官运官销为官收商销。食盐获利由每年的四十万缗,增加到六百多万缗。

刘晏理财常以养民为先。在他看来,国家的户口增多,税收自然而然地就会丰盈。他在地方设置知院官,每月将各郡县的雨雪丰歉情况告知使司,丰则贵籴,歉则贱粜,这就使得百姓不用再担心无粮可食而四处漂泊。刘晏初为转运使时,天下不过有二百万户,后便增加到三百万余户;财赋年入不过四百万缗,之后增至千余万缗。

这位卓越的理财能手为战后国家财政的恢复发挥了积极的作用,但其结局确是让人心寒的:建中元年(780),受杨炎的诬陷,唐德宗听信逸言,刘晏因此获罪被杀害。

德宗削藩

安史之乱后，肃宗和代宗时期，由于朝廷对各地藩镇节度使的一味妥协，导致河北藩镇割据势力发展壮大，不仅拥有军队、地方官吏体系，还世袭节度使的官位，不向朝廷缴纳地方税收。

大历十四年（779）五月，代宗病重，命太子李适监国。不久，代宗在紫宸内殿驾崩。李适登基为帝，为唐德宗，改年号为建中。

建中元年（780），德宗采用宰相杨炎的建议，在全国实施两税法，即缴税标准不再按照户籍，而是按照土地，由各郡县长官每年夏、秋时期各收一次。这种征收赋税的新法会在事先先计算好每个郡县所缴纳的类别和费用，且各郡县自行上交，也避免了之前郡县交于藩镇，藩镇再交于朝廷的中间环节。各地藩镇肆意扩大赋税的行为得到了有效控制。可以说，两税法的实施，一方面增加了中央的财政税收，另一方面也扭转了中央一直以来的弱势地位。

起初，各地节度使诸如李宝臣、李正己、田承嗣、梁崇义私下相互约定，职位世袭。因此，田承嗣死后，各地节度使纷纷力保其子田悦继承父位，当时代宗答应了。然德宗即位后，深感藩镇势力对中央的威胁，本就意欲削藩的他，自然对于世袭节度使之职十分反感。

建中二年（781）正月，成德节度使李宝臣去世。其子李惟岳上书德宗世袭父职，田悦等各地节度使也上书响应，这时德宗并未答应，从而直接导致了成德节度使的起兵反唐，也揭开了德宗武力削藩的序幕。

而魏博节度使田悦为扩充势力，公开不顾朝廷旨意，派兵马使康愔率八千人围攻邢州，副将杨朝光率五千人驻扎邯郸西北，以阻拦昭义的救兵。而他自行率领数万士兵围攻临洺。德宗派出河东节度使马燧、昭义节度使李抱真等前去支援，最终大破田悦于临洺。之后，宣武节度使刘洽、神策都知兵马使曲环等人又在徐州滑大破淄青、魏博之兵。

当时，又逢平卢节度使李正己去世了，其子李纳未得德宗允许，便掌管了藩镇的全部军务。直至八月，李纳才上书奏请世袭父位，德宗依旧不允。在唐军的武力讨伐下，李纳不得不归顺朝廷。

一方面，各地藩镇的节节败退，势单力薄的他们开始寻求相互联合。另一方面，唐军的节节胜利，也让德宗甚为大悦，于是便封赏各路将士。遗憾的是，这一系列封赏不仅没有巩固统治，反而将朱滔、王武俊这些原本的征战功臣推向了叛乱者一边。

当时，朱滔想要深州之地，然德宗生怕他在此地坐大，并未准许，仅以德、林二州交由他管辖。于是朱滔心生怨恨，抗旨留屯深州。而王武俊向来对张孝忠很不满意，自认为功在康日知之上，然张孝忠被任命为易、定、沧三州节度使，自己却与康日知一样，只是个都团练观察使。此外，原本管辖的赵、定二州，又被德宗收了上去，更加不悦。而德宗又赐予朱滔、马燧等人许多粮食与马匹。于是，王武俊认为，这些都是朝廷为了削弱他的势力所采取的举措，故也不肯接受德宗的旨意。

建中三年（782），朱滔与王武俊倒戈相向，与田悦、李纳相与为谋。因感恩于朱滔的救援，田悦与王武俊商议奉朱滔为主。然朱滔拒绝。最后四人相约一道称王，朱滔乃自称冀王，田悦自称为魏王，王武俊自称为赵王，仍请李纳自称齐王。以朱滔为盟主，称孤。王武俊、田悦、李纳皆称寡人，筑坛于军中，告天而受之，一同公然反唐。

但不久，朱滔与王武俊遭遇唐军重创，与朝廷官军僵持数月，日益困弊。听闻李希烈军势甚盛，于是各派使者前往许州，劝说李希烈称帝。同年十二月，李希烈自称天下都元帅，兴兵谋反。

建中四年（783）八月，李希烈举兵围攻襄城。为解襄城之困，德宗急忙抽调五千泾原兵前来救援，但由于士兵对赏赐不满，还未解决外部叛乱，又引发了内部的兵变。德宗率众慌忙逃至奉天。

两税法的颁行

安史之乱后，天下动乱，国家掌控的户口大幅度减少，沦为逃户的农民们作为"客户"被大土地所有者的庄园所吸收，这样便很难作为独立的户头向朝廷缴纳赋税。这种情况持续时间已久，显然也很难再回到以前的状态。于是，德宗决定按照现有土地面积的大小，实施每年夏秋两次课税，课税基准由人转变为土地。这就是根据杨炎的建议于建中元年（780）颁布的两税法。

杨炎，字公南，以孝悌闻名于当地。据说其父去世时，他在墓边结庐守灵，每日以泪洗面。或许是孝感动天，他的家中竟出现了紫芝白雀这些祥瑞。杨炎三代都以孝出名，因此他家门前立有六座被表彰的牌坊，自古以来从未有之。

德宗即位，杨炎被任命为相，开始着手解决国家财政问题。

首先就是赋税征收的问题。唐朝前期，全国赋税全都是送至左藏库的。当时第五琦担任度支、盐铁使，但因当时战事不断，京城里的大将经常前来支取军费。第五琦无法禁止，就把所有赋税都放进宫内大盈内库。

从此，赋税成了皇帝的私人财产，且由宫中宦官管理。然而宦官多是中饱私囊，国家财政因此紊乱不已，各种问题盘根复杂，难以肃清。杨炎力劝德宗道："赋税是国家的根本。小小宦官掌握了国家的命脉，多和少、盈余和亏损，即使重臣也不能知道，因此无法规划国家的安排。恳请陛下恢复左藏库的职能。"

其次是改革税制，实施两税法。唐初沿用隋朝均田制的土地政策，在税制上亦是实施租庸调之法：即按照人丁（成年男子）缴纳赋税。但是安史之乱改变了这一切——均田制遭受破坏，大量的土地被地主兼并。拥有大量土地的地主却依旧按照人丁缴纳税额，而失去土地的农民依然也要按照人丁缴纳税额，无力承担的农民只能选择逃亡。杨炎根据这一实际情况提出了按照土地面积来征收赋税的方法，以解决无法征收赋税的问题。

然而，新税法的实施并不是一帆风顺的。很多大臣都认为租庸之法已经例行了四百余年，怎能轻易更改。但此时德宗已经下定决心改革税法，全力支持两税法的推广，于是两税法便在各郡县实施起来。

两税法首先从唐王朝能直接管辖的地区开始实施，接下来是各藩镇，进而向其周边地区推广实施。由于事先已经定好了税目和税额，所以各藩镇很难再随意扩大征税的数额。此外，藩镇停止了一次性缴纳上供的做法，改为由属下的州县分别上供。

两税法的实施，改变了安史之乱后中央在赋税征收方面长期的弱势地位。也正是两税法的实施，国库得到充实，德宗才有能力去解决长期以来存在的藩镇割据问题。作为两税法的开创者，杨炎对国家财政的改革，不仅增加了中央的税收，同时对唐后期的稳定统治也是至关重要的。

宁死不屈颜真卿

建中四年（783），淮西节度使李希烈兴兵攻陷汝州。德宗慌乱问计于宰相卢杞。卢杞献计道："李希烈虽年少骁勇，但恃功傲慢，他身边的将士们都不敢向他谏言。若能诚心诚意地派遣一位儒雅重臣，前往宣读陛下的恩泽，为他陈述其中的福祸利弊，李希烈必定会洗心革面的。由此，即使不用派遣大军，也可不战而胜。而颜真卿作为三朝老臣，忠直刚决，名声威信远播海内，人人都对其信服不已。他就是最佳的人选！"德宗听后，也十分认同。于是，命颜真卿到许州宣慰李希烈。

颜真卿，世人只道他是唐朝著名的书法大师，却不知他更是一位气节高尚的爱国臣子。安史之乱中，在各郡县皆不战而败、自请投降的情况下。他率军固守平原城，有效地牵制了叛军的兵力。

事后，颜真卿被任命为刑部尚书。据说，当时五原地界存在大量的冤狱之事，官员们久久不能结案。而颜真卿到达后，不日案情就水落石出。据说当时，该地连日干旱，未见雨水，而案情结案后，便下起了雨，百姓们皆称他为"御史雨"。后来，由于宰相杨炎对其厌恶，而改任为太子少傅。虽然礼仪如旧，但却是外表恩宠，实则并未有任何实权。

当时，颜真卿已是七十多岁的高龄。诏书颁布时，举朝哗然。大臣李勉听闻后，为朝廷将失去一位元老，不禁扼腕叹息。一方面上书请求陛下收回皇命，另一方面劝阻颜真卿，让他以事推辞。可事已至此，终是回天无术。

到达许州，见到了李希烈，颜真卿正欲宣读圣旨。突然，一群将士一拥而上，将他团团围住，先是怒目而视，然后大声挑衅，甚至还有欲拔刀相向的。然而，颜真卿镇定自若，不仅不移半步，而且面不改色。李希烈见此等手段并不能威慑到颜真卿，便立即挡在了颜真卿身前，假意斥责众将士。于是，众将士退了下去。旨意宣读完毕后，李希烈本打算放颜真卿回去。但由于李元平从中煽动，致使李希烈改变了心意，扣押了颜真卿。

当时王武俊、田悦、李纳等人纷纷派遣使者前来劝谏，希望李希烈早日称帝。他们对希烈说："朝廷诛灭功臣，早已失信于天下。而您英武不凡，功高盖世，已被朝廷所猜忌，恐难逃祸端。故还不如及早称帝，让天下百姓有所归依。"

李希烈召见颜真卿，将使者劝谏之事告诉了他。李希烈说："今日，田悦等四王纷纷派遣使者前来推举我为帝。太师您看，不仅仅只有我一个人被朝廷猜忌而无处自容啊！"颜真卿严厉斥责道："这四人乃是乱臣贼子，怎能以王相称！你不想着保公立业，反而要与这些人为伍，一定会和他们一同被剿灭的。"李希烈听后，十分不悦。

之后，李希烈宴请四位使者，命颜真卿陪侍。四位使者以为颜真卿已归顺于李希烈，便向他祝贺道："久闻太师德高望重，而今都统将欲登帝位，太师正好赶至，看来冥冥之中是上天赐宰相于都统啊。"

颜真卿本就不愿与之为伍，斥责道："何谓宰相！你可知那个骂安禄山而死的颜杲卿吗？他就是我的兄长。我将近八十岁了，宁可守节而死，也不会接受你们封赏的官职！"李希烈见礼遇无用，便打算用死刑威吓于他，他把颜真卿囚禁于馆舍内，命数十名士兵看守，又让手下在庭院中，挖了一个大坑，欲将其坑杀。哪知颜真卿看到后，仍表现得十分淡然："生死已定，何必多此一举，现在就一剑杀了我，岂不快哉！"李希烈无奈，只能将他继续收押。

兴元元年（784）正月，朱泚自称汉元天皇，更国号为汉。王武俊、田悦、李纳等谋反之众皆去王号，唯首是瞻。而李希烈自恃兵强马壮，富可敌国，也早有称帝打算。颜真卿曾为朝廷礼官，于是他便派人前去询问颜真卿登基相关的礼节。颜真卿义正词严地道："我所记录的都是诸侯们朝见天子的礼节。"

颜真卿始终不肯屈服，这让李希烈耿耿于怀。他在庭院中，堆积起柴火并浇上油，并派将士辛景臻对颜真卿说："不能屈节，你就自焚吧！"颜真卿一句话没说，立即向火堆里扑去。多亏辛景臻反应及时，阻拦了他的行为。

后来，德宗重返京师。李希烈听闻弟弟李希倩被斩杀，愤怒不已。于是，兴元元年（784）八月三日，他派中使前往蔡州，杀死了颜真卿。当时，中使到达，高喊道："有敕令到。"颜真卿以为是德宗所派之人，立即跪拜接旨。来者却说："今日赐卿死罪。"颜真卿答道："老臣无状，罪当死，不知道使者何时回长安？"使者说："我是从大梁而来，不是长安。"颜真卿怒骂道："乱臣贼子，怎敢以敕自称！"

最终，这位不折不屈的爱国臣子被李希烈缢杀了。

泾原兵变

建中四年（783）八月，淮西节度使李希烈兴兵作乱，围攻襄城。为解襄城之困，德宗从泾原等诸道调兵救援襄城。

十月，泾原节度使姚令言带着五千兵马赶到京师。将士们冒雨而至，无不辛苦劳累。前来救驾的将士们都认为会得到皇帝的丰厚赏赐，即便是冒雨而行，感染风寒，也都没有抱怨。到了长安后，将士们却大失所望：不仅没有赏赐，德宗用于犒劳这些风尘仆仆而来的救援大军的食物也只是一些粝食淡菜。一时间军中充满了怨气。于是，将士们相与为谋，决定不再为皇帝效命，转而去盗取皇家琼林、大盈二库中的金银财宝。

适时，姚令言不在军中。听闻将士们的行为后，急忙快马加鞭追上这些叛将。将士们看见有追兵前来，忙用弓箭射击。姚令言边躲边喊道："你们真是目光短浅啊，若你们东征立功了，还怕没有丰厚的赏赐呢？"

然而，此时的将士们主意已定，无人听从。德宗听闻将士造反后，慌忙派人前往安抚，每人赏赐二匹帛布。将士们认为皇帝此举毫无诚意，更加愤怒。见安抚无效，德宗又派出中使前往大营。此时这些造反的将士已经到达了通化门外，中使刚出城门就被杀了。之后，虽然德宗又以金帛二十车赏赐于他们。可这些泾原兵已经入了城，喧声浩浩，已是无法阻止。

唐朝后期，朝廷对士兵们不仅态度上漠然，而且在待遇上也是极差的。当时很多朝中官员为此谏言，然帝王们都不闻不问。以至于叛军入城，德宗召禁兵抵御叛贼，竟无一人响应。德宗只得带着宠幸的贵妃及太子、公主数人再次逃离长安。

而群龙无首的泾原兵，听闻太尉朱泚尚还留在长安，于是便推举朱泚为首。刚开始朱泚还犹豫未决。后来，本欲救援襄城的凤翔、泾原将张廷芝、段诚谏也带着数千人前来投靠朱泚。朱泚便以为，此举是天下众心所望，遂下定决心谋反。刚到奉天，德宗便下诏让附近的驻兵前来救援。有大臣上言："乱兵已拥立朱泚为首，马上就要来攻城了，需要尽快做好防御。"但宰相卢杞一直宽慰德宗，朱泚派遣泾原兵马使韩旻率领三千锐兵，是来接驾而非叛乱，德宗因此始终没有提高警惕。

司农卿段秀实久不为德宗所重用，朱泚认为他必和自己一样对唐王朝不满，于是就对他一番推心置腹，将自己来奉天的真实意图和盘托出。然段秀实并非如他所想，当时奉天守备十分薄弱，他对岐灵岳说："奉天危机，需赶快加强兵力守备！"于是，段秀实准备窃取姚令言的兵符，让岐灵岳令韩旻退兵。然而，姚令言的兵印一直无法窃得，段秀实遂盗用了司农印印符，派人快马加鞭前去追及韩旻。刚到骆驿的韩旻，看见印符，遂引兵而归。段秀实向同谋者说："等韩旻归来时，我们必死无疑。我要拼死一试，将朱泚杀死。"而韩旻率兵返回，这令朱泚与姚令言大惊。岐灵岳为了保护段秀实等人，将所有罪责全揽在了身上。

不久，朱泚召集李忠臣、源休、姚令言及秀实等人商议称帝事宜。段秀实勃然大怒，夺了象笏甩过去，并以唾沫唾朱泚的面庞，大骂道："狂贼！我恨不将你碎尸万段，怎么会和你一同造反呢？"朱泚下意识地举手阻挡，击中了额头，立即血溅当场。随后与段秀实相互扭打了起来。由于事出突然，左右人都十分惊愕，一时间呆愣当场。许久，才反应过来，李忠臣上前帮助朱泚，朱泚才得以逃脱。段秀实知道刺杀不成，便对着叛党喊道："我不会与你们一起造反的，你们还是杀了我吧。"结果被叛党一拥而上，扑杀而死。

两袖清风陆贽

陆贽，字敬舆。十八岁时，便以博学宏词登科，被授予华州郑县尉一职。

陆贽为官期间，十分清廉。每遇贿赂之事，总是严厉拒绝，不为金钱所动。一次，他回乡探望母亲，途径寿州。当时，寿州刺史张镒名望颇高，陆贽便前往拜见。张镒见陆贽如此奇才，很是喜欢。二人交谈甚欢，故结为忘年之交。足足逗留了三日，陆贽才准备告辞。临行前，张镒拿出百万钱两，欲赠予陆贽。他说："小小心意，全当是给您母亲一日的伙食费吧。"陆贽不肯接受，最终在张镒的百般劝说下，陆贽只拿了一包新茶，以表谢意。后来，为了替母亲守孝，陆贽回到了东都洛阳，寄居于嵩山的丰乐寺里。当时，各地方官员皆备了厚礼送往寺里。然陆贽皆一一拒绝于门外。

德宗尚为太子时，就听闻过陆贽的名声。于是，先后任命他为翰林学士、祠部员外郎等职位。陆贽性情竭忠尽心。担任近侍之职后，感念德宗重用，凡是德宗在政事上的缺失，无论大小，他都会一一陈述。因此，德宗更加厚待陆贽。

建中四年（783），泾原军发动兵变，占领长安，拥立朱泚称帝。陆贽随德宗避乱奉天。当时恰逢诸藩贡奉将至，可德宗并没有将财物充以军饷，反而在奉天设立了"琼林""大盈"两座私库，储藏这些藩镇上供的财物，引起众人不满。陆贽见状，立即上言，劝谏德宗，要减少开支，内廷也要勤俭节约。可多是竹篮打水一场空。

永贞革新

永贞元年（805）正月，德宗驾崩。太子李诵即位，为唐顺宗。但是，顺宗却因中风后遗症，口不能言，朝廷政事皆不能自行决断，由宦官李忠言、昭容牛氏随侍左右。虽然在宫中设置了帘帐，但朝廷政事多由王叔文决议，指令传达则由王伾负责。王叔文专理国政，推荐韦执谊为相，负责政令的执行。在顺宗的支持下，以王叔文为首的革新派开始了一场浩浩荡荡的改革运动。由于这场改革发生在永贞年间，遂称之为"永贞革新"。

首先，废除祸患百姓的各种弊政，诸如设置的宫市、五坊小儿之类。这些制度使得宦官掠夺、讹诈百姓财物变得合法化，使得百姓苦不堪言。

其次是收回宦官手中的兵权。王叔文自知唐朝廷此时势单力薄，又无兵权可依，便想要夺取宦官的兵权以巩固皇权。五月，他以范希朝为左、右神策京西诸城镇行营节度使，以韩泰为行军司马，企图接管神策军。

当时，神策军由宦官统领，他们不仅是京师禁军，还负责各藩镇的监察工作。军中诸将士皆是宦官心腹，遂将接管事宜泄露了。宦官们方醒悟王叔文之举实为夺权之举，于是密令边境的诸将们拒绝以兵属人。范希朝到达奉天后，竟无一人前来报到。王叔文知道后，也无可奈何。

宦官俱文珍等随即发起反攻。他们一方面假借顺宗的名义，下旨罢免了王叔文的翰林之职，另一方面，在顺宗耳边屡次奏请太子监国。

当时，剑南西川节度使韦皋曾派属下刘辟向王叔文请求增加剑南三川之地，为管辖领地，便放下豪言："阁下若给了这三川之地，在下日后定当以死相助。但若不给，则后果自负。"王叔文听闻此语，大怒，欲杀了刘辟，以示警告。但韦执谊极力劝阻，遂放了刘辟。之后，剑南西川节度使韦皋一方面上书顺宗，以顺宗久病难安为由，请求让太子临朝理政。另一方面，又秘密书信于太子，请求太子镇压王叔文一党。随后，荆南节度使裴均、河东节度使严绶等纷纷响应韦皋，上书顺宗。

适时，王叔文母亲去世，他需要离职尽孝。临行前，他在翰林院设宴，邀诸学士及李忠言、俱文珍、刘光琦等人前来赴宴，想尽最后一份力，规劝众人，万事以江山社稷为先。但宦官俱文珍等人哪管这些，话不投机，喝了几杯，便都相继而去。

在宦官和各地节度使的联合施压下，重病在身的顺宗不得不传位于太子李纯。李纯即位，为唐宪宗。之后，王伾被贬为开州司马，王叔文被贬为渝州司户。王伾病死于贬谪之地，第二年王叔文也被赐死。至此，这场改革以失败告终。

诗豪刘禹锡：看花被贬

刘禹锡，字梦得，自称"家本荥上，籍占洛阳"，素有"诗豪"之称。

元和元年（806）初，永贞革新失败，王叔文被处死，刘禹锡作为革新中的重要人物也难逃被贬。当时，宪宗将刘禹锡、柳宗元等八人一同贬为偏远各州的司马，刘禹锡为朗州司马，这就是历史上著名的"八司马事件"。

此后，原王叔文一党被贬的官员已经近十年没有升迁。朝堂中有怜惜他们才华的官员上奏宪宗：应适当召集当时被贬的官员回京，予以提升。在这种情况下，元和十年（815），刘禹锡与柳宗元等人被召回京。其时，京城玄都观桃花盛开。刘禹锡前往赏花，结果触景生情，便赋诗一首，为《元和十年自朗州召至京戏赠看花诸君子》："紫陌红尘拂面来，无人不道看花回。玄都观里桃千树，尽是刘郎去后栽。"此诗表面上写人们去玄都观看桃花的情景，实际上却暗含讽刺之意，引起了宪宗和当朝权贵们的不满。

于是，宪宗表面上将他们从原来的司马擢升为刺史，事实上所辖地区则更偏远了。刘禹锡被任命为播州刺史。一方面柳宗元上请朝廷，愿意自己改任播州，另一方面御史中丞裴度也为刘禹锡向上进言。最终，宪宗将刘禹锡改任为连州刺史。

太和二年（828），刘禹锡结束长达十多年的贬谪生活，再次被召回京城，任职东都尚书省主客郎中。适时又正值阳春三月，刘禹锡重游玄都观。然此时观中再无一棵桃树，只有些杂草随着春风拂动。今昔对比，刘禹锡遂感慨良多，又赋诗一首，是为《再游玄都观》："百亩庭中半是苔，桃花净尽菜花开。种桃道士归何处，前度刘郎今又来。"诗人轻蔑地嘲笑着，当年的权贵们如今却"树倒猢狲散"，反倒是贬谪之人而今又归来了。这就是刘禹锡的诗作"惹"来的一场风波。

隋唐：万邦来朝

散文大家柳宗元

　　柳宗元出生于世族大家，曾祖父为唐高宗时期的宰相，父亲曾任太常博士、侍御史等职。他自小文采出众，备受文林同辈推崇。

　　顺宗即位后，因患病不能言语，遂将朝中大事交由王叔文、韦执谊掌管。柳宗元与王叔文等人在政治上不谋而合，因此得到王叔文重用，共同策划变法革新。不久，以王叔文为首的改革遭到了宦官们的联合打压。最终，改革以失败告终。王叔文被处死，柳宗元与其他七人，被贬到偏远之地。

　　一开始，柳宗元被贬为邵州刺史，但在赴任途中，又被贬为永州司马。永州之地不仅偏远，而且人烟稀少。仕途的坎坷，久而久之，便心生郁结。所幸的是，人迹罕至之地多保留了大量的原生态自然风光，稍稍缓解了其内心的苦闷。《江雪》一诗便是这一时期的作品："千山鸟飞绝，万径人踪灭。孤舟蓑笠翁，独钓寒江雪。"纵然是备受孤寂之苦，但人生理想依旧不会改变。触景生情，柳宗元将满心愁绪皆写进了诗文中，挥手便成诗成文。

　　元和十年（815），原先因王叔文变法被贬的柳宗元等八人被召回京师。但他们仍不被当时的权贵们所接纳。皇帝明着给他们升官，却又都将他们发配到了偏远之地。当时，刘禹锡被派到播州做刺史。柳宗元与刘禹锡年少相识，又一同高中为官，乃是莫逆之交。他深知，刘禹锡此一去，必然和自己是天各一方，再无相见之日。他上书恳请皇帝，表示愿意与之交换。于是，在柳宗元等人的努力下，刘禹锡被改派为连州刺史。

唐宪宗重击藩镇

宪宗即位后，唐朝藩镇割据局面得到了有效缓解，日渐衰落的唐王朝也出现了一丝"中兴气象"。

贞元二十年（804）八月，剑南西川节度使韦皋去世。他的属下支度副使刘辟想要继承其位。不久，他假借诸将士之名上书请愿，宪宗没有答应，反而任命了袁滋为西川节度使，刘辟被召入朝为给事中。

听闻此诏后，刘辟拒接旨意，并公然起兵反抗朝廷。此时，宪宗即位不久，尚不具有讨伐的实力。为了政局的稳定，只得重新任命刘辟为西川节度副使、知节度事。然而，宪宗的让步却让刘辟更加贪得无厌，要求兼领三川，宪宗毅然拒绝了他的这一要求。于是，刘辟发兵围攻东川节度使李康，欲以同幕卢文若为东川节度使。

宪宗欲征讨刘辟，但文武百官皆以蜀地地势险峻，难以攻取为由，阻止宪宗出兵。唯独宰相杜黄裳主张征讨叛贼，他说："臣知神策军使高崇文勇略可用，愿陛下以军事委之，勿置监军，如此一来刘辟叛军必定能被剿灭。"宪宗采纳了他的谏言。

元和元年（806）正月，左神策行营节度使高崇文率领五千步骑为前军，神策京西行营兵马使李元奕领着两千步骑为次军，与山南西道节度使严砺一同征讨刘辟。高崇文军纪严明，当时有士兵在旅店吃饭时，无故折人七双筷子，崇文立即斩杀之，以儆效尤。严明的军纪，不仅让士兵们整齐有素，同时也获得了百姓的支持，遂士气大增。九月，高崇文在鹿头关大败刘辟之众，长驱直指成都，所向崩溃，军不留行，成功攻克成都。刘辟等败逃吐蕃，后被活捉。

当时，刘辟有二位美妾，监军们皆想以之献于宪宗。高崇文说："天子命我讨平凶竖，当以抚慰百姓为先，献美人以求媚，岂是天子之意！"刘辟被镇压后，群臣入朝祝贺，宪宗对杜黄裳说："这都是爱卿的功劳啊！"

蜀地被平定后，各藩镇都有所畏惧，纷纷请求入朝。元和二年（807），镇海节度使李锜怕宪宗怀疑，也请求入朝为官，宪宗同意，并下令征调他的军队。然而，入朝为官本不是李锜所愿，于是多次因病迁期，迟迟不肯动身。宰相武元衡认为不可再纵容藩镇势力，请求削藩。于是，宪宗委派淮南节度使王锷征讨李锜。不久，李锜溃败，被押至京城斩杀。

元和七年（812）八月，魏博节度使田季安去世。其子田怀谏本该世袭父位，然这位继承人年方十一，军政大权皆由家僮蒋士则掌控。蒋士则常常以个人喜好奖罚诸将领，引起众将士的不满。宪宗本欲任命薛平为郑滑节度使，以牵制魏博的势力，但在和宰相们商议时改变了想法。

不久，蒋士则等人发动兵变，被田兴斩杀，众将士请愿让其担任节度使。于是，宪宗顺水推舟，任命田兴为魏博节度使，还借此嘉赏慰劳众将士。众将士得皇帝恩赏，皆欢声雀跃。自此，魏博之地归于朝廷。

元和九年（814）九月，彰义（淮西）节度使吴少阳去世，其子吴元济匿丧不报，接管了淮西的兵权，之后举兵叛乱。元和十年（815）正月，宪宗决定对淮西用兵。直至元和十二年（817）九月，李愬率军直破蔡州，大败淮西军。持续三年的淮西叛乱就此也被平定了。

可以说，宪宗终其一生都在致力于削藩大业，由此也为唐后期的中兴局面奠定了基础。

白居易直谏

白居易，字乐天，号香山居士。他出身于官宦之家，科举及第后，因锐意改革而备受唐宪宗的青睐，由翰林学士升至左拾遗。

白居易敢于谏言。当时，宪宗想要加封河东王锷为平章事。白居易知道后，上谏道："宰相乃是陛下辅臣，非贤良者不能居于此位。王锷经常搜刮民脂民膏，若以此人为宰相，天下人必然会怨声载道，这对朝廷也必然是不利的。"宪宗听罢，深以为然，遂不再提及。还有一次，宪宗想要任命神策中尉吐突承璀为招讨使。朝中为此事上奏的谏官就有十之七八。白居易也曾当着皇帝面，言辞恳切地议论过此事。之后，白居易又请求停止对河北之地用兵。上书多达数千字，且都是其他人不敢轻易提及的话语。

宪宗对他的建议多是采纳，但唯独任命承璀为招讨使之事，不仅久久没有回应，反而对他大为不悦。宪宗对大臣李绛抱怨道："白居易这小子，朕奖拔他高官俸禄，而他却对朕指手画脚，甚是无礼。"李绛回答道："居易之所以敢不怕死，事无巨细地谏言，就是为了报答陛下的提拔之情啊，并不是轻视陛下的意思。既然陛下想要广开言路，就不应该阻止白居易的谏言。"

元和十年（815）七月，宰相武元衡被暗杀。白居易知晓后，上书宪宗，要求捉拿元凶，为宰相申冤，为国家雪耻。然而当时，宦官专权，他们以谏官不能擅自干预大臣之事为由，对白居易的建议不予理会。甚至还有人说白居易品行欠缺：他的母亲因为看花坠井而死，而他居然还作了有关《赏花》及《新井》的诗歌，着实有违孝道。于是，白居易被贬离京，为江州司马。

那首著名的《琵琶行》就是诗人借用琵琶女的悲惨身世，来抒发自己的怀才不遇与沦落异地的伤感。

官场失意的白居易遂逐步将重心转移到诗歌创作上。他创作了大量的讽喻诗，通俗写实，多是讽刺时弊之作。事实上，白居易自小就显示出了超人的才华。十五六岁时，他将自己的文章献给当时的大家顾况。顾况也是才华横溢之人，为人孤傲，很少称赞那些后辈子弟。但在看了白居易的文章后，不禁连声赞叹道："我原以为，天下已很少有才华出众之人了，没想到今天让我看到你，真是令人敬佩。"

李愬夜袭蔡州

朝廷曾多次派兵征讨淮西节度使吴元济的叛乱，皆未有所获，于是元和十一年（816）十二月，在整顿好朝政后，宪宗重新任命李愬为唐、随、邓三州节度使，准备一举平定淮西叛乱。

到达唐州后，李愬深知持久战容易消耗士兵战斗力，导致情绪低落，最后不愿再战。于是，他首先亲临军营，逐个慰劳众将士与伤兵，以稳定军中士气。随后，他又佯装柔弱胆怯，治军懒散，以掩人耳目。

当时，淮西军自认为曾打败过两位大唐主将，而李愬之官阶、声望与此二人更是无法比拟，由此认为李愬不足为惧。岂料，李愬早已秘密上奏了朝廷，增派了两千兵马，做好了全面的部署。同时，他还大力安抚淮西百姓，不仅为他们安置住处，还派出军队守卫百姓，致使吴元济失去民心。另一方面，他还厚待所擒获的敌将，并委以重任。丁士良就是其中一位，李愬擒获丁士良后，封其为官。

在丁士良的计策下，李愬成功策反了吴元济的属下吴秀琳。李愬对吴秀琳也以礼待之，成功将其纳入麾下。当时，李愬欲取蔡州，问计于吴秀琳。吴秀琳说："将军想要攻下蔡州，必须得到李祐的相助。"于是，李愬又与手下谋划，擒获了李祐。不仅免其一死，还委以重任。李祐感念李愬的恩情，向李愬献上了攻取蔡州的计策。他说："蔡州的精锐之师皆屯兵于洄曲及四周边境之地，而蔡州城本身的守卫则多是老弱病残者。若能乘其不备，直抵蔡州城，必能攻破，擒获吴元济。那时，即使叛军来援，也为时已晚。"

做好一切准备后，李愬下令兵分三路，由李祐等人率三千精兵作为先头部队，自己亲率三千士兵为中军，田进诚等人率三千士兵紧随大军之后。为防止有奸细混入，李愬事先并未透露大军的目标。大军行进了约六十里路，入夜才到达了张柴村。当时，张柴村有淮西士兵把守。李愬率军趁其不备，将其全部斩杀。之后，李愬留下五百士兵镇守张柴村，其余大军继续行进。这时，军中将领皆询问行军的最终目的地是何处。李愬遂不再隐瞒，说："去蔡州，擒拿吴元济！"诸将闻言色变，皆感慨道："果然是落入了李祐的奸计里呀！"

适时，大风大雪，旌旗吹裂，路上随处可见被冻死的人马。天还是阴黑阴黑的，大军取道张柴村以东之路，所行之路皆是人迹罕至。每个士兵都自认为，此去便是一条不归路，又都畏惧李愬，不敢言说，只能听令向前行。

夜半更深，雪是越下越大，大军前行了约七十里，才到达蔡州地段。靠近城边有一鹅鸭池，李愬命人惊起熟睡的鹅鸭，以遮掩军队的脚步声。自从吴元济反叛以来，从未有过官军攻入蔡州城，因此蔡州百姓皆毫无警觉。

四更时，李愬终于率军到达了蔡州城下。趁敌军不备，李愬与李忠义率先登上城头，斩杀了所有的守城侍卫，仅留下了蔡州城夜晚报时的人，让他正常击柝报时，以免敌军发觉。然后，从内部打开城门，让大军入城。

大军进入蔡州城后，城内百姓士兵仍旧未发觉。等到鸡鸣雪停时，大军早已将吴元济的府邸团团围住。当时，有士兵向吴元济报告军情，称官兵已至。吴元济还不以为然，只认为是盗贼偷窃，便笑着言道："待天亮再处理吧。"直至听到有人在发布号令，这才惊觉、害怕起来。随即，他立刻带领亲信部队，登上牙城，准备抵抗，但为时已晚。

最终，吴元济被李愬率军成功俘获。淮西之乱就此被平定了。

"唐宋八大家"之首——韩愈

韩愈，字退之。三岁时，父母双亡，他由哥哥抚养长大。韩愈自小刻苦好学，尤其在文学创作方面颇有造诣：不仅有"文起八代之衰"的美誉，也被后人尊为"唐宋八大家"之首。

当时，唐朝盛行六朝以来的四六骈体文，讲究对仗工整、平仄韵律以及典故运用。韩愈批评这种文体徒有形式、技巧，应该向先秦两汉时期的散文文体学习。由是在他的带领下，一场浩浩荡荡的"古文运动"拉开了帷幕。他本人创作出了许多古文，诸如《进学解》《杂说》《师说》等，皆是上乘佳作，被当时人推崇为"韩文"。

除此之外，韩愈也是一个反佛主义者。当时，宪宗听闻凤翔法门寺内的护国真身塔里，有释迦文佛指骨一节。据说其书本传法，三十年一开，开塔时则会国泰民安。于是，元和十四年（819）正月，宪宗派遣中使杜英奇率领三十宫人，手持香花，赴临皋驿迎佛骨。一时间，长安上至达官贵人，下至平民百姓，为了能够一睹佛骨尊荣，争相去寺庙中供养，唯恐落后。甚至有的百姓为了佛事供养散尽了家中的所有积蓄。

韩愈看到民间如此疯狂之举后，上书宪宗："佛教自后汉时期传入中国，在此之前，中国还未有佛教。但那时，天下太平，百姓安居乐业，帝王也皆长寿，诸如黄帝、尧、舜、禹、周文王、周武王等。到了汉明帝时期，方有佛法。但明帝在位才十八年。纵观历史，那些信仰佛教的朝代，皆是运祚不长，更朝换代是极为频繁的。由此观之，佛是不足为信的啊。"

宪宗御览后，怒不可遏，欲以极刑处死韩愈。在宪宗看来，韩愈说他奉佛太过，尚可容忍，但说信奉佛教的帝王都早死，确是不能宽恕的。这分明是在诅咒他。裴度、崔群等人上书为韩愈求情："韩愈忤逆圣听，确实有罪。但若不是怀抱着一颗忠良之心，怎会愿意不惧责难，仍旧直谏犯颜呢？"最终，宪宗将其贬为潮州刺史。直至元和十五年（820），唐穆宗即位，韩愈才被调回长安。

牛李党争

牛李党争，也称"朋党之争"，是唐后期以牛僧孺和李德裕为首的两个党派的斗争。唐朝后期，官僚结党争权已是常态。他们结党争权，相互排挤，甚至文宗曾有"去河北贼易，去朝廷朋党难"的感慨。事实上，早在永贞革新时期，以王叔文为首的革新派与守旧派的争权就是唐代党争的前奏。

元和三年（808）四月，在一场科举考试中，牛僧孺、李宗闵、皇甫湜在策文中对时政进行了尖锐的抨击，当时负责主考的户部侍郎杨於陵和吏部员外郎韦贯认为他们的文章乃是上乘之作，便向宪宗推荐了此三人。

然而，宰相李吉甫对他们的文章很是不满，于是上奏宪宗，以三人与主考官有私人关系，导致考试不公为由，不仅罢免了杨於陵、韦贯等人的职位，还拒绝录用牛僧孺等人。此事一出，朝廷哗然，纷纷上书为牛僧孺等人鸣冤，谴责宰相李吉甫嫉才妒贤。迫于压力，宪宗只好将李吉甫贬为淮南节度使。由此，在朝廷中，也就初步形成了两个对立的阵营。

元和十五年（820），唐穆宗李恒即位。李德裕、牛僧孺二人先后在朝廷中担任重职，由此以这二人为中心的"牛李"之争便正式开始了。

长庆元年（821），礼部侍郎钱徽主持进士科考，右补阙杨汝士为考官。此二人皆是牛党一派。此次考试所录取的都是些有身家背景之人，其中牛党高官的亲属也多被录取，包括李宗闵之婿苏巢、杨汝士之弟殷士等。之后，前宰相段文昌向穆宗举报贡举不公，存在徇私舞弊的情况。当时，穆宗向身为翰林学士的李德裕、元稹、李绅等询问情况，他们都回答确实有舞弊的嫌疑。于是，穆宗重新组织官员对这批考生进行复试。结果，原榜的十四人中，仅有三人勉强及第。大怒之下，穆宗将钱徽、李宗闵、杨汝士等人都罢免了官职。此次的提拔考试可谓是加重了牛李二党间的仇怨。

大和五年（831），吐蕃维州守将前来投降。当时，身为剑南西川节度使的李德裕立即派兵入驻了维州城。然而，时任宰相牛僧孺以唐与吐蕃早有盟约，不能惹恼吐蕃赞普为由，主张将维州城和前来投降的守将交于吐蕃。最终，文宗采纳了牛僧孺的建议，下令让李德裕撤出维州城，所得全数退还吐蕃。事实上，虽然唐与吐蕃曾签订友好盟约，但吐蕃也多次撕毁盟约，侵扰唐边境。而牛僧孺仅仅因为负责此事的是他的政敌李德裕，就丢失了一次威胁吐蕃的绝佳机会。

开成五年（840），文宗因病驾崩，武宗即位后，便立即召回李德裕，任命其为宰相。李党一派由此大权在握。而此时的牛党一派则逐渐失势，牛僧孺被贬为循州长史。

会昌六年（846），武宗驾崩后，宣宗即位。宣宗一直对李德裕独断专行的做法十分不满，随即罢免了他的宰相之位，改用牛党一派的人为相，牛党重新得势。直到大中三年（849），李德裕因病去世，持续了四十多年的牛李党争方告结束。

甘露之变

宝历二年（826），唐敬宗被宦官刘克明杀害。同年，李昂在宦官王守澄的拥护下即位称帝，是为文宗。当时，朝廷内外被宦官全权掌控，可谓是一手遮天。李昂虽然称帝，但一直受制于宦官势力，形同傀儡，故一直厌恶宦官，想要摆脱这种控制。

当时，王守澄为了监视文宗，举荐了郑注和李训二人为文宗的随身侍臣。文宗深知此二人的来意，但因二人身份特殊，若与之相谋，更不易被宦官所防备。于是，文宗任命郑注为太仆卿，李训为翰林侍讲学士，之后又分别提拔二人为凤翔节度使和宰相。慢慢地，二人开始为文宗出谋划策。在郑注和李训的谋划下，文宗开始清理宦官势力。

大和九年（835）十一月二十一日，文宗正在紫宸殿朝见百官。当时，左金吾卫大将军韩约上奏称，在左金吾厅事后院的石榴树上发现了天降甘露。宰相李训附和，这是祥瑞之兆，建议文宗亲自去拜谢天恩。文宗令宰相及中书、门下两省的官员到金吾左仗先行查看。

群臣去了很久才回来，李训禀告说："我与众人查看后，都认为这不是真正的甘露，所以先不要对全国宣布天降甘露之事，否则全国各地都会前来祝贺的。"文宗听后，疑惑道："竟然还有这样的事。"

于是，又命左、右神策军中尉仇士良、鱼弘志率领着诸位宦官再次前往左金吾后院察看。仇士良等人到达金吾左仗后院时，发觉韩约神色慌张、汗流不止。仇士良感到十分奇怪，问道："将军这是怎么了？"突然，一阵风吹来，掀起了院中的帷幔。仇士良这才发现院中布满了伏兵。仇士良大惊，急忙带人向外跑。守门的士卒正欲关闭府门，仇士良大声呵斥，士卒惊慌中未能将门及时关上。仇士良等人急奔回来，向文宗报告发生了兵变。

事实上，这正是李训等人与文宗的计划，意欲以"甘露"之名，将宦官一网打尽。当宦官刚走时，文宗便立即召集郭行余、王璠二人，下达了对宦官的诛杀命令。可谁曾想，竟被仇士良等人提前发觉。

宦官们见形势突变，立即抬来软轿，欲将文宗带回皇宫软禁。李训一边紧急召集金吾士兵上殿保护文宗，一边又拉着文宗的软轿，大声道："我还未奏完政事呢，陛下现在不能回宫。"结果遭到宦官拳打脚踢。

此时，金吾士兵也已经登上含元殿。罗立言率领京兆府担负巡逻的三百多士卒从东边冲来，李孝本率领着御史台二百多随从从西边冲来，一同登上了含元殿，与宦官们厮杀了起来。宦官死伤十多人，人人血流不止，见状连喊冤枉。最终，文宗还是被宦官们带进了宣政门。随即，宦官们关闭了宫门。正在含元殿上朝的百官都大吃一惊，四散而走。这时，李训见大事不妙，遂也逃难去了。

仇士良等宦官知道文宗参与了李训的密谋，十分愤恨，直接当面指责文宗。文宗羞愧惧怕，不再作声。仇士良等人命令左、右神策军副使刘泰伦、魏仲卿等各率禁兵五百人，持刀露刃从紫宸殿冲出讨伐"贼党"，几乎是见人就杀。之后又下令分兵关闭各个宫门，搜查南衙各司衙门，逮捕"贼党"，将近一千多人全部被杀。一时间尸体狼藉，流血遍地。各司的大印、地图和户籍档案、衙门的帷幕和办公用具被捣毁、抄掠一空。仇士良等人又命左、右神策军各出动骑兵一千多人出城追击逃亡的"贼党"，同时派兵在京城大搜捕。

这场肃清宦官的行动，在很短的时间内就被宦官们指挥的神策军镇压了，参与其中的多数官员被诛杀。这就是有名的"甘露之变"。甘露之变后，无数官员惨遭杀害，这也让宦官在把持朝政方面更加肆无忌惮。

会昌灭佛

唐朝时期，由于朝廷免除寺院的一切赋税，大量的劳动力出家为僧，寺院由此控制了许多土地和劳动力。到了唐朝后期，寺院经济实力越来越雄厚，寺庙甚至还可以自设僧兵。大量劳动力和赋税的流失更加剧了晚唐的衰败，唐后期，愈来愈多的限制佛教的政策开始颁行，甚至到了武宗年间，发生了一次灭佛事件。

据《旧唐书》和《资治通鉴》记载，灭佛事件发生在会昌五年（845）。三月，宰相李德裕上奏，请求加强对全国僧尼的管理。当李德裕还在地方任职时，曾亲眼所见寺院日益膨胀的势力以及内部的腐败。因此，重回宰相之位后，便加入到了反佛的行列。

事实上，武宗本人是极力推崇道教的，在他即位前，便十分沉迷于各种道术。即位后，不仅在皇宫内修建道场，还赐予道士们官职，命道士炼制丹药供自己服食，以求长生不老。

武宗此举引起朝廷一阵哗然，群臣纷纷上言，奏请武宗不要过度相信道教，以免受其蛊惑，造成朝堂混乱。武宗还极力辩解："我不爱那些声色玩乐的事物，这些道士就是为了排遣我的孤独寂寞罢了。"虽然群臣谏言，但可见当时整个朝廷政策已经开始向道教倾斜，武宗十分信任的道士赵归真也是此次灭佛事件的关键人物。

随后四月，武宗先是下达了肃查全国各地寺院数目及僧人人数的诏令。随后，武宗开始着手控制全国寺院的数目，要求长安、洛阳左右街只可各保留一间寺院，每个寺院的人数只能为三十人，全国各地方郡县只能保留一间寺庙。并且给寺庙划分了三个等级，不同等级的寺庙僧人人数也是不同的，上寺为二十人，中寺为十人，下寺只有五人，严格控制寺庙数量与人数。到了八月，武宗便下令拆除所有不合规定的寺庙。一时间，全国各地都掀起了一场毁佛的风潮。

这场风潮导致全国近四千六百余所寺院、近四万佛像被拆毁。那些拆下的寺院木材被用来修缮朝廷驿站，金银佛像统统上交到了国库，铁像则被重新铸成农器，铜像及钟、磬则用来铸钱。那些原隶属于寺院的千万顷良田也统统被朝廷没收。甚至当时社会上的很多外国僧人以及佛教以外的外国教派在此次的灭佛事件中也都遭受了毁灭性的打击。

柳公权笔谏正

柳公权是唐代著名书法家,字诚悬。后人将他的书法与颜真卿合称为"颜筋柳骨"。

元和初年,李听镇守夏州,以柳公权为掌书记。适时,柳公权入朝奏事。穆宗问柳公权道:"朕曾在佛庙里看到爱卿的笔迹,十分喜欢,如今可一睹真容了。"随后,擢升柳公权为右拾遗、侍书学士,再迁司封员外郎。穆宗曾与柳公权探讨用笔之法。柳公权回道:"心正才能笔正。"当时穆宗荒废国事,整日沉迷于声乐酒色之中。听完柳公权的话后,穆宗明白他是在用书法劝谏自己勤政。

文宗时期,柳公权升为中书舍人、翰林书诏学士。文宗常于夜间召见柳公权,二人秉烛夜谈。每次都是蜡烛燃尽了,而两人谈兴正浓。宫人们只能用蜡液濡纸继续照明。有一次,在和大臣们谈及汉文帝反对奢侈时,文宗突然举起自己的衣袖,对众臣说:"我的这件衣服已经洗过三次了。"众臣纷纷赞扬文帝节俭。唯有柳公权一言不发。随后,众臣散退,柳公权被留了下来。

文宗问柳公权:"适才为何一言不发?"柳公权向文宗解释道:"君主的贤明应该是赏罚分明,任用贤臣,对臣子能够虚怀纳谏。至于是否穿着洗过多次的衣服,只不过是小节,无需过分在意。"后来,柳公权在与朝臣们论事时,表现出的刚正不阿、理直气壮风范,让文宗连连称赞。文宗遂任命他为谏议大夫。

除了敢于谏言,柳公权的书法也是堪称一绝。他以"结体劲媚,自成一家"备受世人喜爱。他的碑刻作品有《金刚经刻石》《玄秘塔碑》等，书法作品有《伏审帖》《十六日帖》等。有一次，文宗出了一句上联："人皆苦炎热，我爱夏日长。"柳公权立即对答道："薰风自南来，殿阁生微凉。"随后许多大臣也相继作出对联，然文宗却对柳公权的诗句情有独钟，命人将他的诗句题在殿壁上。文宗每每阅览，都感叹道："就是钟繇和王羲之在世，也不能企及啊。"

当时的人对柳公权的书法也是热爱到了极致，朝中大臣在为先辈们刻篆立碑时，若不是用的柳公权笔迹，就会被认为是不孝。

韬光养晦的宣宗

会昌六年（846）三月，武宗病危，不能言语。于是，宦官马元贽等人秘密商定，欲选择一位日后方便控制的皇子继承帝位，而李忱成为他们的最佳人选。

李忱原名李怡，年幼时寡言少语，与同岁的孩子相比行为举止十分怪异，宫中的人都认为他不是很聪明。据说十岁那年，他突然身染重病，众御医束手无策，眼看命不久矣时，一道光晕环绕其身，他立马从床上一跃而起，拱手作揖，如同朝臣行礼般。李忱还经常梦见自己乘龙飞天。母亲郑氏害怕会招来祸事，叮嘱他不要对旁人言说。当时，穆宗对李忱很是喜欢，曾说这孩子并非凡人。

但到了文宗和武宗时期，李忱开始装疯卖傻，与众人聚集一堂时，更是沉默不语，对于他人的取笑也并不以为然。李忱本是穆宗的弟弟，是文宗与武宗的叔叔。然而，他们不但不尊重他，反而经常戏弄他。在宴会时，常常以强迫李忱说话取乐。

就是这样一份憨傻让宦官认为，这是一个对他们没有威胁的合适人选。于是在诸宦的密谋下，李怡被立为皇帝，更名为李忱。众人皆道其是愚蠢憨傻之人，没想到等到他临朝时，如同换了一人，处理政事决绝果断，人们方才意识到他一直以来的隐忍。

李忱即位后，首先罢免了武宗时期重用的李德裕，当时，位居宰相的李德裕自恃有功，专权已久，众臣皆不敢违逆其意。李忱素来厌恶李德裕的专权，即位当天，李德裕奉册在旁。既罢，李忱对左右侍从说道："刚刚靠近我的不是太尉吗？每次在我旁边，都让我毛骨悚然。"

其次，李忱也很重视人才的选用。有一次，在御猎途中，李忱看到众多百姓聚集在佛寺前祈愿，便问身边侍卫，百姓所求为何。侍卫回道："这是醴泉县的百姓，他们在向上天祈求让县令李君奭能够留任。"李忱默默记住了这个名字。当时怀州刺史之位空缺，李忱毫不犹豫地在委任令上写下了李君奭的名字。百官尚不知此人，皆疑惑不已。当李君奭上朝谢恩时，方才明白了这其中的原委。

虽然是宦官扶持上位，但李忱也极力想摆脱这种受制于人的局面。之前的"甘露之变"，当事人李训、郑注二人被诛杀，其余涉及官员纷纷被贬，而今李忱下令召回这些被贬官员，为他们沉冤昭雪。

除此之外，李忱也十分勤政，并经常以身作则。他不仅常常拿着太宗所写的《金镜》阅读，还将《贞观政要》书于屏风之上，以供每日观阅。对于那些文武百官的数额，宣宗也要求宰相一一记录，制成《具员御览》五卷，放于书案边。

因为这份严厉，皇室的待遇也受到了限制。大中二年（848）十一月，万寿公主下嫁起居郎郑颢。作为公主，有官员建议遵循旧制，在送亲的车马上以金银装饰。李忱听后说："如果我想让天下人都勤俭节约，就应该要以身作则。"于是，下令出嫁队伍只准用铜饰装点。同时，下令让公主谨遵妇礼，不得因公主身份而轻视夫家。有一次，驸马的弟弟病危，李忱遣人去慰问，谁料公主却在慈恩寺看戏。李忱听闻后大怒，说道："我曾经还怪罪百官不愿和皇家结亲，现在知道原因了。"于是，急召公主入宫。公主便哭着谢罪。之后，李忱让公主立即去看望驸马的弟弟，此事才告一段落。由是，宣宗李忱执政时期，所有的皇亲国戚都严守礼法，不敢有丝毫逾越。

裘甫之乱

大中十三年（859）十二月，浙东贼帅裘甫率领百余人攻陷了象山。咸通元年（860）正月，裘甫与唐军之众在桐柏观前交战，随后攻陷了剡县。不仅大开府库，而且还四处招募壮士，势力一下子增加至数千人。

当时，浙东地区多年安稳度日，人人不习战争，士兵不满三百人。适逢大战在临，招募兵马时，官员还私受贿赂，所征之兵多为孱弱之人，以至于裘甫率领下的农民军所向披靡，郑祇德所率唐军毫无招架之力，连连败退，震惊了浙东地区。

二月，唐军与裘甫在剡西再次交战。裘甫伪装在三溪之北陈兵，实则在三溪之南设下了埋伏。先是假装败逃，等唐军追及时，决壅放水，大败唐军。于是，天下云集响应，士兵增至三万。裘甫自称为天下都知兵马使，大力筹备军用物资，一时间声震中原。

当时，皇帝向王式询问应对农民暴乱的策略。王式回答道："只要发兵，必可镇压。"随旁的宦官阻止道："发兵所用的花销过于庞大。"王式反驳道："只要兵力强大，贼军自然很快就会被消灭。但若兵少，久久不能克敌，让他们在江、淮之地势力剧增，那时国家的花费将超乎想象。再说，江、淮之地本就是国家的赋税重地，若失去此地区，后果不堪设想。"

这时，裘甫正在与一众将领饮酒。唯独刘暀闷闷不乐，裘甫追问缘由，谋士刘暀感叹道："如今我军有如此之众，作战计划却迟迟未定，实在可惜啊。如今朝廷派出王式率兵来战，听闻此人智勇无敌，不到四十日必定会到达。希望您赶快带着兵马攻取越州，并派五千士兵严守西陵，据城池而守，沿着浙江筑垒来抵抗唐军。之后再聚集船舰，伺机过长江攻取浙西。将扬州货财用以充实军资，修建石头城以巩固阵地。到时候，宣歙、江西等地必定会有响应的人。再派出刘从简率领数万人顺着海向南攻取福建。至此，这些唐朝的贡赋之地就会尽入我军之手。我军便可高枕无忧了。"

这本是一计良策，裘甫却偏偏没有听取。当时有一位名为王辂的进士对裘甫说："刘副使的谋划，其实如同当时孙权的所作所为。当时他趁着天下大乱，占据江东之地。可现在天下太平，此法肯定是不会成功的。所以还是聚众据险以自守，等到了情况紧急时，再逃往海岛，这才是万全之策啊。"面对两种不同的计策，裘甫犹豫不决，导致原先的作战良机也被贻误了。

四月，王式率众到达越州后，首先便开仓赈贫。当时，有人谏言说："起义军还未灭，我军粮草本就告急，此举不可取也。"王式为笼络民心仍坚持己见。为解决当时官军缺少骑兵的问题，王式立即组建了一个来自吐蕃、回鹘的骑兵队。他们比江淮之地的人更擅长骑马，且作战能力较强。此外，王式还奏请皇帝，增发忠武、义成军及昭义军，一同向越州发起作战。在这一强大的兵力对比下，起义军节节败退。

最终，在粮草阻绝、兵力悬殊的情况下，裘甫等人被迫开城投降。其主要首领被俘，刘暀等人皆被腰斩，裘甫被押送京师等候皇帝处理。而刘从简率领着五百壮士虽突围而出，逃至大兰山，据险自守，但还是在七月，被唐军攻陷。

至此，这场民众暴动以失败告终。

庞勋起义

咸通九年（868）七月，驻守在桂州的士兵发动兵变，推举庞勋为首领，向徐州进发。当时，桂州的地方驻守兵都为徐州人。朝廷曾许诺他们，在桂州驻守三年即可返回家乡，然而三年期限延长至六年，期满后又被要求延期一年。朝廷的屡次反悔，让这些徐籍的士兵顿感回乡无望。一时间，怒火难消，群情激愤下，为了早日还乡，这群士兵便发动了兵变。

他们都认为，而今他们所犯罪行要远远大于当年的银刀军，朝廷之所以赦免他们，是害怕他们沿途作乱打劫。等他们回到徐州，日后一定会设计围剿。这种对朝廷的不信任感让他们开始私自筹备兵器，以备不患。庞勋率众经山南东道时，山南东道节度使崔铉却派重兵把守，庞勋之众不敢入境，只得乘船沿着江东而行。

这群士兵到达淮南后，淮南节度使令狐绹秉持着事不关己高高挂起的态度，不仅放行他们北上，还派遣使者前往慰问，并给予了一些粮食，以免他们在淮南逗留，造成动乱。而庞勋则在沿途收留那些逃匿者，甚至是一些亡命之徒，为己所用，人数将近千人。

当时，朝廷曾多次派崔彦曾前往抚慰这些徐州籍士卒，目的是放松他们的警惕，以便日后一网打尽。到达徐诚时，庞勋语重心长地对众士兵说道："我们不得令擅自回乡，只不过是思念家中妻儿。我听说朝廷已经秘密下令徐州守军，只要我们到达徐州，便立即围剿。大丈夫与其自投罗网，为天下人耻笑，还不如同心协力，在险中求取富贵。而且城里的将士都是我们的父兄子弟，我们在外起义，他们一定会在内响应，到时候里应外合，必定会大功告成的。"

十月，庞勋向朝廷前来抚慰的使者崔彦曾递交了申状，要求严惩将士尹戡、杜璋、徐行俭等人，同时把这些北回的桂林戍兵重新编制二营留用。崔彦曾收到申状后，立即召集诸将士商议，最终决定派元密发兵征讨庞勋之众。唐军欲以空城计诱起义军深入任山，再重击之。然而此计被起义军发觉，他们改向苻离方向前进。唐军本想追击，可又担心深夜被伏，等到了第二天，庞勋率众已到达苻离。

之后，庞勋又引兵北渡濉水，围攻彭城。一行六七千人在城下鼓噪动地，气势宏大。对于那些居住在城外的居民，起义军并没有多加侵扰，而是极力安抚。于是，人人争相归顺。不久，彭城便被攻下。

当时，庞勋在各地广招士兵，人们争相投靠，带着锄头磨成锐利的武器，前来应征。面对如此情形，朝廷深感不安，立即任命右金吾大将军康承训为义成节度使、徐州行营都招讨使，神武大将军王晏权为徐州北面行营招讨使，羽林将军戴可师为徐州南面行营招讨使，大发诸道兵配合这三位元帅。之后，又增派沙陀朱邪赤心和吐谷浑、达靼、契苾部落的兵马一同镇压庞勋。

唐军从南北两方夹攻，最后在勇猛的沙陀士兵的追击下，咸通十年（869）九月，庞勋战死，起义军最终被镇压了。

王仙芝起义

乾符二年（875）六月，王仙芝率众攻陷濮州、曹州。唐天平节度使薛崇出兵征讨，被王仙芝之率众击退。同年六月，曹州冤句人黄巢聚数千人，响应王仙芝。当时，山东之地的民众深陷唐朝的苛捐杂税重役下，早就对唐王朝怨恨不已，纷纷争相加入反叛队伍，数月之间，聚众达数万，反叛队伍愈加壮大。

十二月，王仙芝突袭沂州。僖宗任命平卢节度使宋威为诸道行营招讨草贼使，以步骑五千别为一使，兼帅本道兵，另特赐禁军三千余人，甲骑五百余骑，又令河南诸藩镇听其调遣，征讨叛军。

乾符三年（876）七月，宋威在沂州城大破王仙芝之众。唐军以为王仙芝已战死，上书奏告朝廷，百官群贺。不过三日，就有州县上奏王仙芝未死。当时，唐士兵刚有喘息的机会，无奈皇命难违，只得又匆匆加入围剿之军。此时，唐军内部早已是怨气冲天，根本没有战斗力。八月，王仙芝便攻陷了阳翟、郏城。

僖宗一方面命忠武节度使崔安潜发兵回击，另一方面又紧锣密鼓地安排防御事宜，命昭义节度使曹翔率领步骑五千和义成兵马守卫东都宫殿，左散骑常侍曾元裕为招讨副使守卫东都洛阳，又令山南东道节度使李福率步骑二千守卫汝、邓二州要塞。当王仙芝进逼汝州时，又命邠宁节度使李侃、凤翔节度使令狐绹挑选步兵一千、骑兵五百死守陕州、潼关，重重防卫，阻止王仙芝进攻长安。

不幸的是，九月，王仙芝还是攻陷了汝州，并且俘虏了刺史王镣。此次溃败，让东都洛阳全城上下为之震惊，全城百姓纷纷携家带口慌忙逃难。朝廷无奈，想以恩赦王仙芝、尚君长反叛之罪为名，招安起义军。

随后，王仙芝乘胜追击，又攻克了阳武。但在进攻郑州时，起义军遭到昭义监军判官雷殷符重创。但这并没有阻止起义军的步伐，王仙芝随后又一连攻下数座城池。十二月，王仙芝进攻蕲州。当时，王仙芝兵临蕲州时，已被俘的汝州刺史王镣书信于蕲州刺史裴渥，表示起义军愿意接受唐的招安。于是，裴渥大开城门，迎接王仙芝及黄巢等三十余人入城，不仅设置酒宴招待，还置办了大量的宝物赠送，同时表示愿意上表朝廷，为王仙芝求取官爵职位。

当时，唐军屡战屡败，在宰相王铎的一再劝说下，最终任命王仙芝为左神策军押牙兼监察御史，并且派遣中使亲自前往蕲州授封。王仙芝获得唐王朝封赏，喜不自胜，王镣、裴渥等竞相祝贺。

然而，黄巢却未被授官，他大怒道："当初我们共立誓言，要横行天下，而今你一个人独占官职任左军，这让那五千余的追随者该何去何从呢？"怒气难消的黄巢，随即挥手殴打王仙芝，王仙芝的头部被打伤，众将士也躁动不已。最终，因畏惧众怒，王仙芝没有接受唐王朝的封赏。转而撕毁原先的约定，率军大肆攻掠蕲州，城中百姓房屋皆不能免其难。

此事之后，起义军内部已是难以和睦相处，遂分道扬镳。王仙芝、尚君长率领三千余人投降朝廷，黄巢则率领二千余人，兵分两路，继续对唐作战，由此拉开了黄巢起义的序幕。

唐后期：千疮百孔 苟延残喘

黄巢起义

与接受朝廷招安的王仙芝分道扬镳后，黄巢渡过长江，南下至江南、福建之地继续作战。乾符五年（878），王仙芝被唐军斩杀，其麾下将士尚让率领着王仙芝残余部队前来投靠黄巢。他们推举黄巢为王，号称冲天大将军，改元王霸，还建立了相应官属。

乾符六年（879）九月，黄巢率军攻克广州。当时，起义军在岭南之地，多患瘴疫，死亡人数竟然有十之三四。士兵疾病缠身，苦不堪言，竞相劝黄巢挥军北上，以谋大事。

广明元年（880）十月，黄巢率军北上，先是攻陷了申州，随后又连破颍、宋、徐之地。起义军所到之处，官吏百姓皆纷纷逃离。黄巢自称为天补大将军，并派人转牒告唐诸军道："各宜守垒，勿犯吾锋！吾将入东都，即至京邑，自欲问罪，无预众人。"十一月，黄巢攻陷了东都洛阳，留守刘允章率百官迎接，起义军入城。十二月攻陷潼关，之后长驱直入直取长安。唐僖宗在宦官田令孜和神策军的护卫下，逃离长安。

当时，唐金吾大将军张直方率领着数十位文武官员，前往霸上迎接黄巢。起义军甲骑如流，辎重塞途，千里络绎不绝，这让久未经历兵戈之争的长安城百姓为之害怕。为安抚长安城中百姓，尚让对百姓们言道："黄王起兵，本为百姓，非如李氏一般不爱护你们，你们只需安居乐业，不需惶恐。"随后，黄巢在含元殿登基为帝，击战鼓数百，以代替金石之乐，登丹凤楼，下发赦书，定国号为大齐，改元金统。

刚开始，起义军还会施予那些贫困的百姓一些财物，而大肆斩杀官吏。然而仅仅是数日间，起义军就开始四处抢掠，纵火烧市肆，满街乱杀人，即使黄巢下令禁止，也无济于事。

中和二年（882），起义军的同州防御使朱温投降唐军。唐军派出李克用的沙陀军征讨黄巢。中和三年（883）四月，李克用与黄巢大军在渭南会战，一日三战，皆以黄巢兵败而终。于是，黄巢率大军慌忙撤离长安，在撤离之前焚毁了长安城中富丽堂皇的宫殿。

中和四年（884），李克用率兵追击黄巢，趁着起义军渡河之际，发起伏击，大破起义军，斩杀了数万人。黄巢大将尚让率众向唐投降。之后，李克用又追击黄巢至封丘，又大败起义军。黄巢收整残余士兵，向东奔向兖州。

当李克用追至冤句时，黄巢所率的骑兵也就只剩下数百人。人马皆疲乏，粮草也皆用尽。六月，武宁将李师悦与尚让率军追击黄巢至瑕丘之地，此时起义军已是人员损失惨重，濒临绝境。到达狼虎谷时，黄巢自知回天乏术，便对外甥林言说道："为了不让他人获利，你若拿我的头颅进献唐军，一定会因此被奖赏。"林言不忍心，黄巢便挥剑自刎，黄巢之乱就此结束。

朱温降唐

朱温作为家中老三，上有两位哥哥。在其还未成年时，父亲朱诚便早早去世了。母亲王氏只得带着兄弟三人寄居于萧县人刘崇家中。朱温虽然生性雄勇，但自负又不务正业，不仅左右邻里很讨厌他，就连寄养的家主刘崇也常因其懒惰，而常常杖责于他。唯独母亲王氏从小怜爱他，常常对家里人说："朱三不是寻常之人，你们要善待他。我常在其熟睡时，隐约看到一条龙环绕其身。"可家里的人皆不以为然。

僖宗统治年间，关东地区遭遇饥荒。然而朝廷不体民情，依旧强加赋税，百姓雪上加霜、苦不堪言。黄巢在曹、濮一带揭竿起义，一时间饥民纷纷响应，朱温就是这其中一员。他拜别母亲，加入黄巢起义军。凭借着骁勇善战，积累战功无数，朱温很快就得到了黄巢赏识，被提升为起义军队长之职。

后来，黄巢攻占长安，让朱温留守长安门户——东渭桥。中和元年（881），朱温被黄巢任命为东南面行营先锋使。他不仅率军攻占了南阳，还依次攻下了邠、岐、鄜、夏等地。中和二年（882），朱温又被任命为同州防御使。当时，唐河中节度使王重荣屯军数万，并联合了唐的其他藩镇，打算收复同州之地。朱温所率之军，遭到王重荣重创，遂请求黄巢援救。然而多次上奏却都石沉大海，救援书信被黄巢下属孟楷扣留，不能上达。朱温与王重荣在河中交战，王重荣亲率三万精锐将士出战。朱温畏惧，只得将所有舟船凿破，沉入河中，阻断唐军的进攻脚步。此次之战，因无援军救助，最终朱温所率之军损失惨重。

经此一役,朱温心灰意冷,认为起义军内部众将离心,明争暗斗,起义必定会失败,遂下定决心投靠唐。于是,他与谋士商议,先是斩杀了黄巢的监军使严实,然后带着所率之军和所辖之城,向王重荣请降。

王重荣的属下杨复光恐有诈,欲斩杀朱温。王重荣阻止道:"朱温此人骁勇善战,若能重用,岂不是如虎添翼。"当日,王重荣便上奏朝廷。适时,僖宗在蜀地,看到奏章后,欣喜道:"真是上天的恩赐啊!"于是,颁布诏书,封朱温为左金吾卫大将军,并兼任河中行营副招讨使,同时赐名"全忠"。

朱温降唐,大大削弱了起义军的实力。而朱温所率之军则是战无不克。瓦子寨、西华寨、陈州等地皆被唐军收复。次年,朱温被任命为汴州刺史兼宣武军节度使,继而又晋封为梁王。随后,他以河南为中心,急速扩张势力,朱温逐渐成为唐末最大的割据势力。

白马驿之祸

唐昭宗死后，朱全忠立李柷为帝，是为唐哀帝。当时，朱全忠被任命为宣武、宣义、天平、护国四镇节度使，羽翼日益丰满。朱全忠认为，朝臣中仍有不少人忠于李唐皇室的人，这对他日后建立新王朝必定是一大阻碍。若不铲除，将很难达成所愿。就这样，一场剪除忠臣的血雨腥风就此开始了。

天祐二年（905）六月，在朱全忠的胁迫下，朝中多位重臣连遭贬官，诸如裴枢、独孤损、王赞等。哀帝年幼，朝中大事皆被朱全忠把控，朝臣们也无可奈何。虽然遭到贬黜，朱全忠并没有放这些人一条生路的念头。他先命人将这些人聚集到了白马驿站，然后又派人秘密斩杀。一夕间，三十多名朝廷官员全都死于非命，且尸体也被投入河里。当时，朱全忠的心腹李振因屡不中第而对士大夫十分憎恶。他曾对朱全忠说："这些人自认为是清流，应该将他们全都投入黄河，变成浊流。"

除此之外，朱全忠对士大夫也是十分憎恶。当时，朱全忠率兵途经一棵大柳树，令大军稍作休整。他与将士们坐在柳树下休息。恰逢有几位游客也在树下休息。只听朱全忠自言自语道："这棵树可以用来做车轮。"众将士无一人回应。突然，一位游客回应道："确实可以为车轮。"朱全忠听后，勃然大怒，呵斥道："文人士大夫最爱信口开河。车轮必须要用夹榆木，怎可以用柳树呢！"然后示意了一下左右侍卫，言道："还在等什么！"话语刚毕，士兵们就将这位应和之人杀死了。可以说，自白马驿之祸后，朱全忠基本铲除了他称帝之路的阻碍。唐朝廷再也无力回天。

朱全忠灭宦篡唐

光化三年（900），左右军中尉刘季述、王仲罢黜昭宗，将其软禁，改立太子李裕为帝。当时，宰相崔胤告难于朱全忠，请求发兵救驾。随后，在朱全忠和崔胤的联合下，刘季述等宦官被杀，昭宗也于天复元年（901）成功复位。朱全忠也因此被加封为东平王。

其时，宰相崔胤把持朝政，对宦官势力极为憎恶。他想与朱全忠联合对付宦官。宦官听到风声后，立即挟持了昭宗逃到了凤翔。朱全忠派兵将凤翔团团围住，李茂贞无力抵抗，只得将皇帝送出，向朱全忠求和。昭宗重回京城，在朱全忠的助力下，一举将数百名宦官全部斩杀。至此，唐后期的宦官专权问题被朱全忠彻底解决。

不幸的是，昭宗的身边再也没有可与朱全忠抗衡的力量。起初，朱全忠兵力甚弱，故从不问朝廷权力之争，只知道一味扩张自己的势力。而今，宦官势力已除，自己又手握重兵。羽翼丰满的他开始走上谋划帝位之路。

天祐元年（904），朱全忠以武力胁迫昭宗从长安迁都洛阳，然后将其杀害，另立幼帝。天祐二年（905），朱全忠将朝中多位重臣在白马驿斩杀。天祐四年（907），朱温通过禅让的形式夺取了帝位，建国号为梁，史称"后梁"。

末代皇帝唐哀帝

天祐元年（904），朱全忠正率领着军队向西讨伐岐州等地。远离长安的他，想到英武的昭宗便是愁眉不展。在他看来，昭宗心怀壮志，宫中必然会发生新的变动。而他为了日后能取而代之，便心生了另立幼君的想法。于是，他派遣判官李振前往洛阳，与蒋玄晖、朱友恭等人相与谋划。同年八月，昭宗被杀。蒋玄晖等人假造诏令，将辉王李祚推上了皇位。年仅十三岁的李祚登上帝位，更名为李柷。

李柷幼年登位，很多事都是身不由己，朝中大事多由朱全忠把持。朱全忠的官位也是越做越高，由相国到魏王，再到天下兵马大元帅。然而这仍然不能满足他对权力的渴望。

天祐二年（905）二月，朱全忠先是以宴请为名，将哀帝的兄弟们，诸如德王李裕、棣王李祤、虔王李禊、沂王李禋等九位王子全部杀死，并投入了九曲池中。哀帝知道后，纵是怒不可遏，但也无能为力。甚至连放声大哭都不敢。之后，朱全忠又将被贬的朝中大臣聚于白马驿全部斩杀。当时，整个朝廷人心惶惶，众士大夫为了躲避祸乱，皆不敢上朝。

同年十一月，哀帝想要在十九日举行祭天仪式。朝堂内外早早地备好了礼仪所用的祭器，自宰相以下的官员也都聚集在南郊进行祭祀演习。但不巧的是，此事被朱全忠知道了，甚是气愤，认为这是想要延续大唐国运。蒋玄晖等人非常害怕，故以改期为由，取消了祭祀。之后，王殷等人向朱全忠进言，说："据宫人相传，蒋玄晖在积善宫与皇太后私会，想要拉拢他，与柳璨、张廷范等人一同振兴大唐。"十二月，朱全忠令王殷在积善宫将哀帝的母亲太后何氏杀害，甚至还迫使哀帝将已死的太后废为平民，毫无实权的哀帝只能悉数照办。

就这样，朱全忠一步一步地消灭哀帝身边的亲近之人。哀帝的左右随侍皆是朱全忠的心腹。偌大的皇官，竟然无一人可信。天祐四年（907），朱全忠迫使哀帝退位，自立为帝。他将哀帝改封为济阴王，幽禁于心腹叔琮的府邸中。天祐五年（908）二月二十一日，哀帝被朱全忠派人毒死，时年十七，谥号为哀皇帝。

隋唐大事纪年表

581年　杨坚称帝，建立隋朝

582年　建新都大兴城

583年　大兴城投入使用；修订开皇律令

584年　开凿广通渠

587年　实行科举制，开辟山阳渎

589年　南下灭陈，统一全国

593年　修建仁寿宫

598年　独孤陀事件

600年　太子杨勇被废，杨广登上太子之位

604年　文帝驾崩

605年　炀帝即位，迁都洛阳，开凿通济渠，修建赵州桥，炀帝下江都

606年　杨素去世

607年　访流求

608年　开凿永济渠

610年　开凿江南河；弥勒起义，；第三次前往流求；炀帝二下江都

611年	王薄长白山起义
612年	第一次远征高句丽
613年	第二次远征高句丽，杨玄感起兵
614年	第三次远征高句丽
616年	大业十二年 翟让瓦岗起义，炀帝三下江都，任命李渊为太原留守
617年	杜伏威江淮起义，窦建德自称长乐王，李渊太原起兵；李渊拥立杨侑为帝，翟让退位，拥李密为王
618年	宇文化及反叛，炀帝被勒死在江都 李渊称帝，为唐高祖，建立唐朝
619年	窦建德生擒宇文化及
626年	玄武门之变，李渊退位，李世民即位，改年号为贞观；突厥进犯，李世民便桥退敌
629年	任命房玄龄为左仆射，杜如晦为右仆射；玄奘西行取经；姚思廉撰写梁、陈二史
630年	突厥颉利被俘，突厥国灭亡；奉太宗为天可汗；杜如晦去世
635年	吐谷浑被唐平定，成为附属国
636年	长孙皇后薨逝
637年	姚思廉去世
640年	灭高昌国，设立安西都护府
641年	文成公主入藏
643年	魏征去世；太子李承乾被废
645年	征讨高句丽，玄奘回到长安
647年	第二次征伐高句丽
649年	太宗驾崩，太子李治继位，是为唐高宗
653年	睦州女子陈硕真举兵起义

655年	高宗立武氏为后
658年	尉迟敬德去世
659年	长孙无忌受冤而死
660年	联合新罗，灭百济
664年	上官仪与太子忠被武后杀害，武后垂帘听政
668年	高句丽灭亡，设立安东都护府
674年	皇帝称天皇，皇后称天后
680年	文成公主去世
682年	孙思邈去世
683年	高宗驾崩，李显即位，为唐中宗
684年	武则天废中宗李显，改立李旦为帝，为睿宗；李敬业起兵
690年	武则天称帝，改唐为周
691年	来俊臣被任命为左台御史中丞，开启酷吏时代
697年	武后宠幸张易之、张昌宗二子
699年	娄师德逝世
700年	狄仁杰去世
705年	武后病逝；张柬之发动兵变，张氏兄弟被杀；中宗李显即位
710年	金城公主入藏；韦后与安乐公主毒杀中宗；李隆基、太平公主联合平定韦氏之乱，睿宗复位；刘知几完成《史通》
712年	睿宗传位李隆基，成为太上皇，李隆基即位，为玄宗
713年	玄宗铲除太平公主
731年	吐蕃求书
747年	勃律王及吐蕃公主被高仙芝所俘，随后西北诸国向唐归顺
752年	李林甫去世，杨国忠被任命宰相
753年	鉴真第六次东渡

◁◀ 隋唐：万邦来朝

755年	安禄山起兵造反；常山太守颜杲卿反抗
756年	安禄山自称大燕皇帝，玄宗逃离长安，马嵬之变，杨贵妃被处死，李亨即位，为唐肃宗
757年	安禄山被其子安庆绪杀害，睢阳血战，收复长安
759年	史思明杀掉安庆绪，登基为大燕皇帝
761年	史思明被其子史朝义杀死
762年	玄宗、肃宗相继去世；太子李豫即位，为唐代宗
763年	史朝义战败而亡，安史之乱被平定；吐蕃兵临长安，代宗逃至陕州
764年	仆固怀恩叛乱
774年	魏博节度使田承嗣叛乱
779年	魏博节度使田承嗣去世；代宗驾崩，李适登基为帝，为唐德宗
780年	刘晏受杨炎诬陷，被杀；实施两税法
781年	成德节度使李宝臣去世；德宗削藩，导致各地方节度使的反叛
782年	淮西节度使李希烈兴兵谋反
783年	泾原兵变
784年	李希烈登基称帝，国号大楚；颜真卿被李希烈杀；李怀光叛变
805年	德宗驾崩，李诵即位，为唐顺宗；永贞革新；八司马事件；八月太子李纯即位，为唐宪宗
812年	魏博节度使田季安去世，唐收复魏博之地
817年	李愬夜袭蔡州，淮西叛乱被平定
820年	唐穆宗即位，牛李之争正式开始
826年	敬宗被宦官刘克明杀害，文宗李昂在宦官拥护下即位
835年	甘露之变
840年	文宗驾崩，武宗即位
845年	会昌灭佛

年份	事件
846年	武宗驾崩，宣宗李忱即位
849年	李德裕因病去世
859年	裘甫之乱
868年	庞勋起义
869年	庞勋战死，叛乱被镇压
875年	黄巢响应王仙芝起义（黄巢起义）
878年	王仙芝被唐军斩杀
879年	黄巢率军攻克广州
882年	朱温投降唐军
884年	黄巢被杀，黄巢之乱结束
888年	僖宗驾崩，昭宗李晔即位
900年	宦官刘季述等罢黜昭宗，将其软禁，改立李裕为帝
901年	昭宗复位，朱全忠也因此被加封为东平王
904年	朱全忠胁迫昭宗从长安迁都洛阳
905年	白马驿之祸
907年	朱全忠迫使哀帝退位，自立为帝，建国号大梁
908年	哀帝被朱全忠派人毒死，大唐灭亡